JAN WEILER
ÄLTERNZEIT

JAN WEILER
ÄLTERNZEIT

Illustriert von Till Hafenbrak

HEYNE‹

Sollte diese Publikation Links auf Webseiten Dritter enthalten,
so übernehmen wir für deren Inhalte keine Haftung,
da wir uns diese nicht zu eigen machen, sondern lediglich
auf deren Stand zum Zeitpunkt der Erstveröffentlichung verweisen.

Penguin Random House Verlagsgruppe FSC® N001967

Copyright © 2023 by Jan Weiler
copyright © by Wilhelm Heyne Verlag, München
in der Penguin Random House Verlagsgruppe GmbH,
Neumarkter Straße 28, 81673 München
Printed in Germany
Einband- und Innenillustrationen: © Till Hafenbrak
Umschlaggestaltung: Teresa Mutzenbach
unter Verwendung einer Illustration
von © Till Hafenbrak
Satz: Leingärtner, Nabburg
Druck und Bindung: Pustet, Regensburg
ISBN: 978-3-453-27379-5

www.heyne.de

Für Katharina

ÄLTERNZEIT

VERTRAGSENDE IN SICHT

Wenn von wechselbereiten Fußballprofis die Rede ist, sprechen die Manager des abgabeunwilligen Vereins oft davon, der Spieler habe noch Vertrag. Diese grammatikalisch eigentümliche Wendung hat sich ziemlich eingebürgert. Der Soundso hat noch Vertrag bis 2026. Dasselbe habe ich auch immer für mich in Anspruch genommen, sogar unbefristet.

Das war natürlich naiv, denn jeder Vertrag endet irgendwann. Auch meiner als Familienvater. Meine Kinder wurden immer älter, dann volljährig, und nun haben sie quasi sämtliche Versorgungs-, Erziehungs- und Anschiss-Verträge einseitig gekündigt. Mein Karriereende naht, auch wenn ich mich topfit auf meiner Position fühle.

Ich bin auch noch im Spiel, ich wurde bisher nicht ausgewechselt und ich hocke auch nicht meinen Vertrag auf der Bank ab. Ich bin noch Stammspieler, aber das ist eine Frage der Zeit. Als Sara und ich beschlossen, nicht mehr zusammenzuwohnen, zog unsere Tochter Carla mit zu ihr und unser Sohn Nick eröffnete mit mir eine Jungs-WG. Carla ist inzwischen bei Sara ausgezogen und Nick droht andauernd, dasselbe bei mir zu tun.

Nach dem Abi sei er weg, hat er schon vor Jahren verkündet. Das zieht sich nun etwas, woraufhin Sara im vergangenen Jahr behauptete, ich hätte Nicks Anstrengungen torpediert, damit er noch ein bisschen bei mir bleibt. Ich hätte ihn dazu gezwungen, am städtischen Nachtleben teilzunehmen. Ich sei verantwortlich dafür, dass er lieber Snowboard gefahren sei als für die Prüfungen zu lernen. Ohne mein Zutun hätte er weniger gechillt und könnte längst in eine fremde Stadt gezogen sein.

Auch wenn es mich bei dieser Vorstellung graust, sind Saras Behauptungen blanker Unsinn. Gut. Ich habe nicht kettenhundmäßig jede Hausaufgabe kontrolliert. Und ich habe ihm auch nicht verboten, zwei Tage vor der Matheprüfung zu diesem Rave nach Österreich zu fahren. Aber was sollte ich tun, der Junge ist volljährig. Am Ende hieß es, er wolle es im nächsten Schuljahr noch einmal versuchen, diesmal ganz ernsthaft, und danach sei er eben weg. Und ich versprach, strenger zu sein.

Also rechne ich damit, dass ich demnächst eine Anschlussverwendung benötige. Sara ist in diesem Punkt weiter. Sie verbringt viel Zeit mit Freunden und sogenannten Hobbys, sie hat wieder gelernt auszuschlafen, sie telefoniert manchmal über Tage nicht mit ihren Kindern. Ich hingegen hüpfe immer noch durch sämtliche Stahlbäder, die der Alltag so aufstellt. Die übliche To-do-Liste des Lebens mit einem zwanzigjährigen Altpubertier absolviere ich gerne, wenn auch mit matter Routine.

Ich habe schon unbeschreibliche Dinge unter dem Bett meines Sohnes hervorgeholt. Ich habe auf seinen Wunsch eine Pekingente hergestellt, wegen der beinahe der ganze Stadtteil evakuiert wurde. Das Besondere an dieser Ente war, dass sie nach der Zubereitung noch fabelhaft fliegen konnte. Und zwar in den Mülleimer. Ich habe getröstet und auch pointenlos vor mich hin gebrüllt, Millionen Partien Minigolf gespielt und Nick Klamotten gekauft, die ich selber nie für Kleidungsstücke gehalten hätte. Ich habe in bedingungsloser Liebe Tätowierungen und neue Freundinnen über mich ergehen lassen und ich habe mit ihm *The Mandalorian* angesehen.

11

Seit einiger Zeit wecke ich Nick wieder. Wir haben es zuvor zwei Jahre lang ohne Morgenpatrouille probiert, weil er irgendwann verkündete, er sei alt genug, sich selbst zu organisieren. Dies führte allerdings nicht dazu, dass er morgens aufstand. Er stellte sich zwar zwei Wecker, die er jedoch ignorierte. Irgendwann riss er sich dann von selbst hoch und verließ meistens viel zu spät und in Panik das Haus. Immerhin war er wach, machte aber häufig einen vernachlässigten Eindruck.

Um sicherzustellen, dass er seine Schule jemals beendet, schiebe ich jetzt wieder Morgendienst. Immerhin weiß er den Service zu schätzen, der mit zarter Weckung beginnt und durch einen perfekten Cappuccino abgerundet wird. Den nimmt er in der Regel stehend in der Küche ein. Häufig wird Nick dabei wieder müde. Bevor er einschläft, schiebe ich ihn auf eine Sackkarre und fahre ihn vors Haus an die Bushaltestelle, wo ich ihn vorsichtig ablade. Wenn ich wieder in der Wohnung bin und aus dem Fenster sehe, ist er meistens weg. Ich kümmere mich wirklich sehr darum, dass er pünktlich und satt in der Schule ankommt.

Dennoch habe ich Zweifel am pädagogischen Wert meiner Strategie. Vorgestern stopfte er sein

Pausenbrot in den Rucksack und sagte: »So geil! Ich stelle mir gerade vor, dass du das noch machst, wenn ich dreißig bin und zur Arbeit gehe. Ich glaube, ich ziehe nie aus.« Ich fürchte, ich habe für immer Vertrag.

KEINE NUMMER UNTER DIESEM ANSCHLUSS

Vor ein paar Tagen fragte mich jemand nach meiner Telefonnummer. Es ging um eine Bestellung und ich nannte dem Herrn meine Handynummer. Festnetz sei ihm lieber, sagte der Mann. Also begann ich mit der Vorwahl von München und stockte dann. Exakt so muss sich der Moment anfühlen, wenn eine schrullige, aber liebenswerte Unkonzentriertheit die Schwelle zur Demenz überschreitet. Ich wusste meine Festnetznummer nicht. Sie fiel mir nicht ein. Nicht eine einzige Ziffer.

Ist das nicht überaus seltsam? Ich weiß die Nummer meiner Eltern und jene meines Grundschulkumpels Matthias. Ich kenne noch die Nummer meiner ersten Freundin von vor 38 Jahren und die von meiner ersten Arbeitsstelle. Aber ich kann nicht sagen, unter welcher Rufnummer ich derzeit zu Hause zu erreichen bin. Eigentlich sind das sogar zwei Leitungen mit zwei Nummern. Die zweite hört mit acht auf. Glaube ich. Oder mit sechs.

Ich schwindelte, dass ich eigentlich gar keine Festnetzleitung habe und er sich mit der Mobilfunknummer begnügen müsse, was der Mann dann auch tat. Dann ging ich nach Hause und dachte, dass ich mal wieder ein Telefonat führen müsse. Mit meinem Festnetztelefon. Ich erinnere mich an schöne Plapperstunden, aber die habe ich seit Jahren nicht mehr mit einem richtigen normalen Telefon in der Hand verbracht. Das liegt aber nicht an mir.

Mein Festnetzdings nervt einfach seit seiner Anschaffung vor zwei Jahren. Das Ding ist wie ein Kochtopf, der zusätzlich Kartoffeln schälen und zu Püree stampfen kann, wodurch man sich genötigt sieht, Kartoffelbrei zu essen, nur um dem Topf einen Gefallen zu tun. Das Telefon drängt sich jedenfalls mit lauter überflüssigen Anwendungen auf. Ich brauche weder den Kalender noch das Adressbuch, ich nutze keinerlei Rufumleitungen oder Sprachboxen und ich möchte auch nicht über Börsenkurse oder Horoskope informiert werden. Wenn überhaupt würde ich damit telefonieren wollen. Aber nur, wenn ich mein Handy nicht fände.

Aus lauter Trotz stellte ich nicht einmal Uhr und Datum ein. Monatelang war auf dem Display das Jahr 1976 zu lesen. Dann programmierte Nick das Ding und richtete einen Anrufbeantworter sowie 6 000 weitere Funktionen ein. Das Telefon stand dann in meinem Büro, und als es zum ersten Mal klingelte, kapierte ich erst gar nicht, dass es sich um einen Anruf handelte, weil ich den Klingelton noch nie gehört hatte.

Eineinhalb Jahre lang blinkte ein rotes Briefumschlag-Symbol am Telefon. Ich habe mir nie die Mühe gemacht, die Bedienungsanleitung dieses Kommunikationsmonstrums aus dem Internet runterzuladen und nachzusehen. In den einzigen Anrufen, die ich regelmäßig erhielt, wurde mir mit stockender Stimme mitgeteilt, dass ich. Vier. Neue. Nachrichten. Habe. Zum Abhören solle ich die »eins« drücken. Machte ich nie. Wahrscheinlich bestanden die aufgenommenen Nachrichten darin, dass die Mailbox mitteilte, dass ich noch drei Sprachnachrichten in der Mailbox hätte. Das Festnetz hatte ich nur, weil man das irgendwie so hat. Vermutlich gehöre ich der letzten Generation an, die noch so denkt.

Ich kam also jedenfalls in Gedanken an ein Festnetztelefonat nach Hause, und dann stand das Telefon nicht in seiner Halterung. Es war weg. Ich rief es an, aber es klingelte nicht. Also suchte ich es überall in der Wohnung und fand es schließlich unter der Couch. Ich glaube, es lag seit Wochen oder Monaten dort, denn es war verstaubt und hatte sich abgeschaltet. Wahrscheinlich wollte es sich aus dem Fenster stürzen, kam aber nur bis unters Sofa. Ich stellte es wieder in die Halterung, und es lud sich auf.

Und dann blinkte es wieder. Ich drückte auf den leuchtenden Knopf, und das Telefon spielte eine Nachricht ab. Von meiner Tochter. Man hört ein paar Töne auf der Ukulele, dann kommt ihre Stimme: »Hallo! Ich dachte, ich rufe auf dem Festnetz an, das macht man ja bei älteren Menschen. Hör mal, hier ist ein Lied für dich.« Und dann singt sie ein selbst komponiertes Lied für ihren Vater. Und ich Vollidiot höre das erst eineinhalb Jahre später ab.

AURELIAN UND MARLE LERNEN WAS

Im Großen und Ganzen bin ich sehr froh, dass meine Kinder schon volljährig sind. Man erspart sich dadurch allerhand. Rolf Zuckowski zum Beispiel. Man tritt auch nicht mehr mit nackten Füßen auf Legosteine, wenn man nachts ins Bad geht. Man hat keine angesabberten Reiswaffeln mehr im Auto. Man muss nicht zu Elternsprechtagen und Elternabenden. Und man begegnet nur noch ganz selten grauenhaften kleinen Monstern.

Das letzte Mal traf mich dieses Schicksal im vergangenen Sommer. Sara, Carla, Nick und Freunde und ich machten Ferien in Italien. Im selben Haus wie immer. Ich bin sehr gespannt, wie oft ich meine Kinder noch dazu überreden kann. Im Moment bringe ich die Familie zusammen, weil sich Carla und Nick keinen anderen Urlaub leisten können. Sie sind quasi abhängig von mir. Ich gebe es nur ungern zu, aber ich genieße das. Und die Witzqualität meines Sohnes ist inzwischen derart hervorragend, dass ich auch in den Ferien nicht darauf verzichten möchte.

Da stehe ich zum Beispiel neben Nick in der Küche und er fragt vollkommen beiläufig: »Sag mal, was macht man eigentlich mit diesem weißen Gummiball, der noch in der Tüte ist, wenn man den Mozzarella getrunken hat?« Ich brauche in solchen Situationen einen Moment, bis ich den Scherz kapiere und dass ich gerade darauf geprüft werde, ob ich ernsthaft antworte.

Noch bestehe ich den Test. Und ich reagiere richtig, wenn Nick den Rest seines Bieres mehrfach als »Uwe« bezeichnet. Er wartet ungeduldig darauf, dass ich frage, was damit bitte schön gemeint sei, und wenn ich frage, antwortet er fröhlich, »Uwe« stehe für »Unten wird's eklig«. Da hat er recht. Ich habe einige Jahrzehnte benötigt, um zu dieser Einsicht zu gelangen, und meistens vergesse ich sie, besonders, wenn es abends lustig ist.

Ich brauche zwar länger, um einfache Sachverhalte zu verstehen, aber wenn ich mal etwas weiß, dann weiß ich es für immer. Dies führt zu Konflikten mit Nick, der ein schrecklicher digitaler Klugscheißer ist. Was immer man äußert, es wird einem sofortigen Online-Faktencheck unterzogen. Gestern

Abend behauptet er, dass das Kiffen in den USA erlaubt sei. Ich erwidere, das sei in ein paar Staaten der Fall, aber nicht in allen. Also sieht er nach. Ergebnis: In 18 Staaten ist das Kiffen legal. Er behauptet, das sei ja praktisch überall. Ich sage, es sei ein gutes Drittel aller US-Staaten. Er sieht nach. Und so geht das immer weiter.

Aber ich will mich nicht beschweren, immerhin bleibt die Konversation friedlich. Ich bin dafür sehr dankbar, besonders seit der Abreise von Friedrich.

Friedrich wurde mir vor dem Besuch seiner Familie letzten Sommer als geistreicher und charmanter Zehnjähriger angekündigt, wirkte auf mich jedoch wie eine Mischung aus Erich Mielke und einem gusseisernen Schirmständer. Kaum im Ferienhaus angekommen, beschwerte sich der kleine Griesgram über das langsame Internet. Seine Handyspiele liefen nur in einer Ecke des Wohnzimmers, sodass er dort neben einer Gardine stehend Stellung bezog und die nächsten sechs Stunden nicht weiter auffiel.

Abends gingen wir in ein Restaurant und es wurde Fanta für Friedrich bestellt, weil er nichts anderes trinken könne. Allerdings müsse die Fanta ohne Kohlensäure sein. Zu Hause schüttele man die lebensgefährlichen Blasen aus dem Getränk.

Friedrichs Vater bestellte nun allen Ernstes »Fanta senza Frizzante«, was den Kellner erst verwirrte, dann sichtlich erheiterte und im Ergebnis völlig folgenlos blieb. Jedenfalls enthielt die Fanta dann Sprudel, was Friedrich dazu veranlasste, mit düsterer Miene zu verkünden, er werde nun gar nichts trinken.

Da er ausschließlich Pommes und Hühnchen zu sich nimmt, wurde dann Pollo für ihn bestellt. Das Pollo kam aber nicht in der gewünschten Darreichungsform. Friedrich erwartete paniertes und in Form gepresstes Geflügel, wie er es von zu Hause kennt. Ich vermute, dass er sich Hühner als gefiederte Würfel vorstellt. Geliefert wurde jedoch ein platt gedrücktes und gegrilltes Hühnerfilet mit Zitrone und Bratkartoffeln, das eher aussah wie eine Scholle. Für Friedrich nach den Unzumutbarkeiten des Tages eine finale Beleidigung. Er warf sich auf den Boden, krümmte sich und bot eine schauspielerisch einwandfreie Panikattacke dar. Danach setzte er sich wieder hin und starrte bitter auf den Tisch. Er guckte ein bisschen wie Robert Habeck, nachdem Olaf Scholz ihm den Reisepass abgenommen hat, damit er nicht abhauen kann. Ich sah zu meinem Sohn herüber, er zwinkerte mir zu und stieß mit mir an. Er sagte »Uweeeee« und lachte. Mein Gott, bin ich froh, dass meine Kinder groß sind.

Wobei Eltern oft noch schlimmer sind als ihre Kinder. Hinzu kommt, dass die Leute ganz allgemein entsetzlich streng geworden sind. Unser Alltag gleicht einem Maßregelvollzug. Wirklich wahr. Die Frage dabei ist: Machen wir vielleicht öfter Fehler als früher? Oder fällt es den anderen nur stärker auf? Oder fühlen sich inzwischen immer mehr Leute dazu aufgerufen, ihre Mitmenschen zu erziehen? Ich biete dazu offenbar häufiger Anlass.

Beispiel: Vor meiner Haustür befindet sich eine Kreuzung mit Ampeln für Fußgänger. Wenn kein Auto kommt, überquere ich sie häufig bei Rot, ohne nachzudenken. Ich mache es einfach. Ein paar Meter weiter dürfte ich ohnehin jederzeit über die Straße gehen. Ich nehme mit diesem Verhalten niemandem ein Stück seiner Freiheit, ich behindere den Verkehr nicht und spare Zeit. Ist das wirklich ein Thema, über das es sich zu diskutieren lohnt?

Findet die Frau auf der anderen Straßenseite schon. Sie hat zwei kleine Kinder dabei, und das habe ich übersehen. Ich überquere also die Straße,

und auf der anderen Seite begrüßt mich die Frau mit den Worten: »Sie wissen schon, dass man bei Rot nicht über die Straße gehen darf.« Ich antworte: »Ja, weiß ich. Vielen Dank.« Ich finde, damit könnte man das Thema auf sich beruhen lassen. Aber sie sagt: »Es gibt den Kindern ein schlechtes Beispiel, wenn wir Erwachsene uns nicht daran halten.« Da hat sie allerdings recht. Also sage ich so verbindlich, wie ich kann: »Ja, das stimmt. Es war gedankenlos von mir. Ich hätte stehen bleiben und auf Grün warten müssen.« Dabei sehe ich die Kinder an und lächele. Mehr kann man nicht machen, finde ich. Und für mich ist die Sache damit erledigt. Aber nicht für die Frau.

»Aurelian und Marle, das ist ein ganz böser Mann, der sich nicht an die Regeln hält.«

Aurelian und Marle sehen mich an, als sei ich der Krampus. Böser Mann. Ich finde, die Mutti übertreibt. »Ich bin gar nicht böse«, sage ich etwas aufgebracht. »Ich habe nur gerade vergessen, dass man nicht bei Rot über die Ampel gehen soll.« Das macht die Frau nur noch wütender. Sie zeigt mit dem Finger auf mich und sagt: »Wer sich nicht an die kleinen Regeln hält, dem sind die großen erst recht egal. So sehen böse Mensch:innen aus.«

Aurelian möchte jetzt gerne über die Straße gehen und das fände ich eine fabelhafte Idee, aber seine Mutter hält ihn zurück. »Männer wie der denken, sie könnten sich alles erlauben«, giftet sie. »Marle, das ist ein Beispiel für toxische Männlichkeit.« Marle ist davon wenig beeindruckt. Ich schon. Ich versuche, Punkte zu sammeln, indem ich sage: »Ich war gerade auf dem Weg zum Altglas. Flaschen wegbringen. Recycling. Gutes tun.«

»Wahrscheinlich sind Sie auch noch eines von diesen Umwelt-Schweinen, die bedenkenlos braune Flaschen in das Loch für grüne Flaschen stopfen.« Nun. Tatsächlich ist mir dieser Lapsus bereits öfter unterlaufen. Ich finde, man kann manchmal ganz schlecht unterscheiden, ob eine Flasche braun oder grün ist. Manche sind ja geradezu grünbraun. Da kommt man schon mal ins Grübeln. Und bestimmt mache ich dabei Fehler. Aber heute nicht. Ich zeige der Frau meine Tasche und sage nicht ohne Stolz: »Heute nur weiß und grün, sehen Sie?« Sie wirft einen Blick hinein und sagt: »Alkoholiker ist er auch noch. Ein notorisch Regeln brechender, toxisch männlicher Alkoholiker.« Das finden Aurelian und Marle wiederum spannend und starren mich aus großen Kinderaugen an.

»Wie kommen Sie denn bitte zu dieser Behauptung?«, frage ich. Und sie darauf: »Wenn ein unrasierter Mann um 15 Uhr eine Tasche mit leeren Weinflaschen zum Container bringt, dann handelt es sich eindeutig um einen Alkoholiker. Vielleicht sind Sie betrunken und deshalb bei Rot über die Straße gegangen.«

»Und wenn ich um 16 Uhr bei Grün gegangen wäre?«, frage ich listig.

»Dann hätten wir wenigstens nicht bemerkt, was für ein kaputter Typ Sie sind. Aber Sie mussten sich ja unbedingt bei den Kindern in den Mittelpunkt stellen mit Ihrem unmöglichen Verhalten. Narzisstisch, wie Sie sind.« Und damit gehen Aurelian und Marle mit ihrer Mutter los. Die letzten drei Meter übrigens bei Rot. Aber da meckert niemand. Ich gehe dann zum Glascontainer, narzisstisch, toxisch und ignorant, ein richtiges Monster bin ich. Aber hey, wenigstens bin ich nicht so komplett irre, meine Kinder Aurelian und Marle zu nennen.

DEUTSCH: MEGA ODER MADIG?

Unsere Sprache gilt international als teuflisch kompliziert. Mark Twain wird das Bonmot zugeschrieben, dass nur Tote Deutsch lernen könnten, weil sie die Einzigen seien, die dafür genug Zeit hätten. Das kann schon sein. Nicht einmal die Deutschen können Deutsch, und viele von ihnen haben den Gebrauch daher inzwischen stark eingeschränkt, zum Beispiel in der RTL-Show »Deutschland sucht den Superstar«. Das dort am häufigsten verwendete Wort lautet »mega« und ersetzt selbst längere Texte.

Entscheidend für den Sinnzusammenhang ist bei »mega« nämlich nicht mehr die Einbettung in ganze Sätze, sondern in Mimik. Dabei erscheint wichtig und irritierend, dass derjenige, der in dieser Sendung am häufigsten »mega« sagt, überhaupt keine Mimik mehr besitzt. Dieter Bohlen sieht inzwischen aus wie eine geliftete Sultanine mit Toupet.

Das Gegenteil von »mega« bildet ein sehr hübscher Begriff, der oft von Nick und seinen Freunden gebraucht wird. Wenn denen etwas nicht gefällt, wenn was nicht gut läuft, schlecht aussieht oder nicht schmeckt, dann nennen sie es: madig. Das mag ich gern, weil es ein uraltes Wort ist und so schön bildhaft. Madig finde ich mega.

Jedenfalls ist Deutsch ziemlich schwer. Damit meine ich nicht die Merkwürdigkeit, dass der Bayer »der Butter« sagt, wenn er die Butter meint. Oder dass der Hamburger gerne denglisht, dass er »etwas nicht erinnert« und sich dabei nicht daran erinnert, dass »erinnern« ein reflexives Verb ist und daher ein Reflexivpronomen erfordert, in diesem Falle »sich«. Das kann man aber als regionale Schrulle beiseitelegen. So was gibt es anderswo auch. Wirklich kompliziert wird es bei unserer Grammatik. Einmal erklärte mir ein italienischer Freund, man müsse in Gesprächen mit den Deutschen immer so nervtötend viel Geduld haben, weil bei uns das entscheidende Verb immer erst am Schluss komme.

Das stimmt: Der Satz »Ich wollte dich eigentlich schon immer von ganzem Herzen mal so richtig« entfaltet seine Wirkung erst ganz am Ende, denn dann schließt der Satz mit einem Verb. Aber mit welchem, liebe Fremdsprachler? Tja, da muss man schon bis zum Schluss dranbleiben. Deutsch ist die Sprache des eleganten dramaturgischen Cliffhangers. In diesem Falle entscheide ich mich für »einladen«. Ich könnte aber auch »verprügeln« sagen. Diese für den Fortgang der Konversation nicht ganz unwichtige Information erhält man in anderen Sprachen ziemlich am Anfang eines Satzes und kann schon einmal wahlweise lächeln oder die Beine in die Hand nehmen.

Dann natürlich die Artikel. Nicht nur, dass es drei sind. Es sind dann auch für die gleichen Substantive nicht verlässlich genau dieselben wie beispielsweise in den französischen Wortentsprechungen. Bei den Franzosen ist der Mond weiblich und die Sonne männlich. Gut, auch nicht verrückter als der Butter aus Berchtesgaden. Aber kaum zu lernen, nicht einmal für Holländer, denn selbst die haben in ihrer mit der unseren verwandten Sprache für manche Dinge andere Artikel. Es ist auch unmöglich, einem Italiener zu erklären, dass »das Mädchen« sächlich ist, wo Mädchen doch so was von eindeutig und glücklicherweise weiblich sind. Und wenn er das endlich mühsam gerafft hat, muss er außerdem noch kapieren, dass es in der Mehrzahl »die Mädchen« heißt, was aber keineswegs bedeutet, dass diese nun plötzlich weiblich wären. Was sie von Natur aus natürlich sind, aber nicht grammatikalisch, auch nicht, wenn sie zu zweit sind. Der Artikel für mehrere Mädchen lautet bloß die, was aber mit dem Geschlecht nichts zu tun hat. Ach. Es ist zum Verzweifeln. Italiener schauen immer ganz mitleidig, wenn wir Deutschen es uns mit den einfachsten Dingen so schwer machen.

Dabei ist Deutsch in Wahrheit eine wundervoll bildhafte, einzigartig kreative Sprache. Nirgends auf der Welt gibt es so schöne Wortkompositionen wie bei uns. Man kann sie einfach nach Bedarf zusammenstecken und erhält zauberhafte Ergebnisse. Zum Beispiel Knorpelregister. Oder Besteckschölde. Oder Schlitzstapler. Oder Pfirsichnoppe. Eines dieser vier Wörter habe ich mir übrigens nicht ausgedacht. Eines gibt es wirklich. Ich sage aber nicht, welches. Es ist jedenfalls mega.

CARLA, DIE WITZPOLIZEI

Meine Tochter ist sehr hartnäckig der Ansicht, dass ihr Vater nicht *woke* genug sei. Da ist was dran. Zum Beispiel habe ich nichts dagegen, wenn ein nicht behinderter Schauspieler Richard den Dritten als körperbehinderten Regenten darstellt. Die Aktivisten rufen dann, das sei »Crippling up«, weil nur Körperbehinderte Körperbehinderte spielen dürften. Und nur People of Color sollen ein Gedicht von einer schwarzen Autorin übersetzen dürfen. Das finde ich seltsam. Es ist ungefähr so, als fordere man, dass nur eine Bundeskanzlerin Bundeskanzlerin werden dürfe oder nur ein Mörder einen Mörder auf der Bühne spielen solle.

Ich bin der Auffassung, den Mörder soll doch bitte derjenige spielen, der das am besten kann. Beim Schauspielen geht es nun mal nicht in erster Linie darum, bestimmte Bevölkerungsgruppen bei der Besetzung zu berücksichtigen, sondern darum, sich die Charakteristika bestimmter Bevölkerungsgruppen anzueignen und sie glaubwürdig zu verkörpern.

Carla schimpft auch mit mir, weil ich ihrer Meinung nach nicht gegen Blackfacing eintrete. Das liegt aber nicht daran, dass ich es unproblematisch finde, sondern daran, dass ich etwas anderes darunter verstehe als sie. Wenn jemand sich das Gesicht schwarz anmalt, um in spöttischer Weise rassistische Klischees über Schwarze zum Besten zu geben, dann ist das Blackfacing. Wenn hingegen jemand sich das Gesicht schwarz anmalt, um auf der Bühne auszusehen wie der venezianische Feldherr Othello, dann ist das nicht Blackfacing, sondern notwendig. Othello ist nun einmal eine *person of color* und Emil Jannings und Anthony Hopkins nicht. Beide haben den Othello gespielt, und ich glaube kaum, dass es der Figur geschadet hat.

Außerdem bin ich der Meinung, dass Carla und ihre Clique ein wenig heuchlerisch handeln, weil sie sich keineswegs für alle Minderheiten gleich stark einsetzen. Den Hochadel zum Beispiel kann man in ihren Augen gar nicht genug verscheißern, weil das schließlich alles privilegierte Leute seien, die keine Diskriminierungserfahrungen gemacht und damit auch nicht das Recht hätten, von Hänseleien ausgenommen zu werden.

Da ist was dran. Außerdem reagiert der Adel in der Regel recht gelassen, wenn er auf die Schippe genommen wird. Das ist irgendwie bei denen in den Genen. Ich amüsierte zum Beispiel mal eine Angehörige des Hochadels mit folgendem Witz: Unterhalten sich ein Pudel und ein Mops. Sagt der Pudel: »Ich bin adlig. Mein Name ist Gunther von der Löwenburg.« Sagt der Mops: »Ich bin auch adlig. Ich heiße Runter von der Couch.« Niemals wird man erleben, dass nun ein Adliger an die Zeitung schreibt und sich beschwert, weil Menschen mit Prädikat häufiger albernem Spott ausgesetzt sind als beispielsweise Chemielaboranten oder Tierpflegerinnen.

Ich finde ja, jeder hat ein Recht darauf, mal ein bisschen verspottet zu werden. Aber wenn ich so etwas äußere, bin ich ein alter weißer CIS-Mann, der nichts kapiert hat. Ich leide nicht unter diesem herben Vorwurf, denn es stimmt: Ich verstehe wirklich vieles nicht. Bitcoins zum Beispiel. Oder Baseball. Oder Hugo aus der Dose. Carla kommt manchmal zu Besuch, und wenn uns nichts Besseres einfällt, fangen wir an zu streiten.

Letzte Woche zum Beispiel. Wir setzten uns an den Tisch und erzählten, was uns so in der vergangenen Woche widerfahren ist. Ich habe meistens nur langweilige Sachen zu berichten. Der Papierladen mit der eingebauten Poststelle hat neue Betreiber. Offenbar Türken. Ich erzählte ihr von dem Gespräch, das ich mit ihnen führte. Ich habe dabei einen kleinen Scherz gemacht. Den fand sie krass ausländerfeindlich.

Da gab es Zoff. Ich finde nämlich, mein Witz war in Ordnung. Es ist nicht immer gleich alles ausländerfeindlich oder rassistisch, bloß weil es ein Stereotyp bedient. Natürlich hat sich die Gesellschaft dahingehend sensibilisiert, dass manche Dinge zum Glück nicht mehr gehen. Zum Beispiel folgender Dialog aus der Serie *Die Zwei* mit Roger Moore und Tony Curtis. Da bereitet der eine dem anderen einen Kaffee zu und fragt, ob er Zucker zu seinem Espresso wolle. Und der antwortet: »Das macht den Negerschweiß auch nicht besser.«

Anfang der Siebzigerjahre fand man das ulkig. Heute würde jeder Verantwortliche eines Fernsehsenders gefeuert, der so etwas durchgehen ließe. Und das wäre auch richtig so. Etwa zur selben Zeit, 1973, schlägt Rita ihrem Vater Alfred Tetzlaff in der ersten Folge von *Ein Herz und eine Seele* vor, man könne doch mal zur Abwechslung Pizza holen, was Ekel Alfred brüsk zurückweist mit dem Hinweis, er esse keine Mafiatorte. Diesen Witz kann man meines Erachtens heute noch bringen. Mafiatorte anstatt Pizza klingt lustig, und es diffamiert nicht ein ganzes Volk, sondern spielt bloß mit einem Klischee. Carla und ihr Freundeskreis können über so was gar nicht lachen. Sie nehmen es wirklich sehr genau. Mit allem. Es ist rasend anstrengend.

Neulich ordnete Carla an, ab sofort das Wort »Frau« nicht mehr zu verwenden. Der Begriff »Frau« sei bereits eine normative Zurücksetzung. Ich soll nur noch über »Person mit Uterus« und »Person ohne Uterus« schreiben. Das ist mir aber zu doof. Ich fragte Carla, ob ich nicht genauso gut »Person mit Glied« und »Person ohne Glied« sagen könnte, was ja auf dasselbe hinauslaufe. Aber das fand sie komischerweise diskriminierend.

Ich bot ihr eine Banane an und fragte, ob sie Lust auf eine Dschungelwurst habe. Anstatt über diesen astreinen Dad-Joke zu lachen, erklärte sie mir, dass der Begriff »Dschungelwurst« erstens Veganer diffamiere und zweitens die Banane als Hauptnahrungsmittel von Dschungelbewohnern lächerlich mache und damit zusätzlich alle Personen mit und ohne Uterus, die im Urwald lebten. Es sei ein typisches Beispiel für eine toxisch-kolonialistische Perspektive auf die frugale Situation in der Dritten Welt. Darauf muss man erst mal kommen.

Carla erzählte dann von einer Freundin, die unter *bodyshaming* litt, und ich sagte, dass sie ein zauberhaftes Geschöpf sei, etwas moppelig und sehr hübsch und interessant.

Darauf wurde ich belehrt, dass man »moppelig« nicht sagen dürfe, weil es abwertend sei. Ich finde das überhaupt nicht. Man kann das sehr hingebungsvoll formulieren, und außerdem kommt es auf den Kontext an. Aber bei *woken* Menschen gibt es keinen Kontext mehr. Carla bestand darauf, dass man im Grunde überhaupt nichts über die moppelige Figur einer anderen Person sagen dürfe, weil es immer sein könne, dass sie darunter leide. Ich entgegnete, dass man dann auch nichts über schlanke Menschen sagen dürfe, weil man nicht wissen könne, ob ihnen das Dünnsein eventuell zu schaffen mache. Und man darf dann auch nicht sagen, dass jemand eine Brille trägt oder Schuhgröße 45 hat. Daraufhin beschimpfte mich Carla als CIS-Mann, der mal wieder gar nichts kapiert hat.

Dabei ist sie es, die bestimmte Sachverhalte vor lauter Aufmerksamkeit nicht versteht. Carla und ihre Freunde kennen zum Beispiel nicht den Unterschied zwischen einem Judenwitz und dem jüdischen Witz. Ersteres ist geschmacklos, das Zweite hinreißend. Um diese These zu unterstreichen, erzählte ich Carla folgenden Schwank: Zwei Rabbiner fahren mit dem Zug zu einem wichtigen Kongress von Haifa nach Tel Aviv. Der eine Rabbi hat seine Frau dabei, die schweigend neben ihm sitzt. Nach einer halben Stunde fragt sein Kollege: »Sag mir, warum hast du deine Frau mitgenommen?« Sagt der andere: »Ich hab's einfach nicht geschafft, dem Menuwel einen Abschiedskuss zu geben.«

Ein Menuwel ist so etwas wie ein Scheusal. Jedenfalls ein erstklassiger Scherz. Fand Carla gar nicht. Erstens, weil man über Juden keine Witze mache. Und zweitens sei die Geschichte frauenfeindlich. Ich wehrte mich schwach und sagte, um das zu beurteilen, müsse man die Frau des Rabbis kennen. Aber Carla nahm ihre Jacke und ging.

Und was habe ich zu dem Mann in der Post gesagt, worüber sie sich so aufgeregt hat? Ich fragte ihn, was er vorher gemacht habe, und er sagte, dass er einen Dönerladen hatte. Darauf ich: »Gut, dann nehme ich zehn Briefmarken à achtzig Cent, ohne scharf mit viel Zwiebeln.« War das ausländerfeindlich? Oder einfach nur lustig? Keine Ahnung, aber die drei Jungs hinter der Theke haben sich kaputtgelacht. Ich finde, das zählt.

ÜBERSINNLICHE AUSSCHWEIFUNG

Als wir uns trennten, teilten Sara und ich nicht nur unsere Haushaltsgegenstände, sondern auch unseren Bekanntenkreis relativ gerecht unter uns auf. Übrig blieb eigentlich nur der Mann von Saras Schwester Lorella. Ihr Schwager. Jürgen. Weder Sara noch ich wollten ihn übernehmen, also teilen wir ihn uns gezwungenermaßen.

Er ist Ingenieur, Esoteriker, Verschwörungstheoretiker und Yogi. Seine Spiritualität überwindet alle Grenzen, auch jene der Vernunft. Er spielt Didgeridoo, gibt Tantra-Unterricht, lässt Steinchen ins Mineralwasser plumpsen und bespricht die Warzen fremder Menschen, die dann wieder weggehen. Also die Menschen, die Warzen bleiben natürlich. Jürgen will, dass niemand mehr Tiere isst. Immerhin hat er eingesehen, dass es als Anreiz dafür schmackhafte Alternativen geben sollte, und versucht sich seit Jahren an der Herstellung von Ersatzwurst. Er tüftelt an Fake-Schinken und

Salami-Surrogat. Seine Hervorbringungen schmecken allesamt wie Arsch und Friedrich und kein bisschen nach ihren Vorlagen. Kein Wunder: Jürgen hat noch nie Leberwurst, gekochten Schinken oder eine gute Fenchelsalami probiert, und was man nicht kennt, kann man schlecht imitieren.

Als er mir einmal einen wirklich scheußlichen, aus fermentierter Baumrinde, Sojamehl und Rote-Bete-Saft zubereiteten Tafelspitz servierte, schlug ich ihm vor, es doch so zu machen wie die Chinesen. Diese kaufen sich deutsche Pkw, zerlegen diese und lernen von den Einzelteilen, die sie dann nachbauen und schließlich so zusammensetzen, dass das Ergebnis zumindest aussieht wie ein Auto. Ich schlug ihm vor, für die Konstruktion von Tafelspitz folgende Zutaten zu verwenden: Suppengemüse, Zwiebeln, Liebstöckel, Mehl, Meerrettich, Kartoffeln, Sellerie, Möhren, Porree, Salz, Pfeffer, Schnittlauch. Bis zu diesem Punkt der Aufzählung nickte Jürgen. Ich fügte hinzu: »Gut. Und natürlich Butter, Sahne und ein gutes Kilo schönen Kalbsschwanz. Du bekommst einen Tafelspitz nämlich ganz sicher am besten hin, wenn du Tafelspitz dafür verwendest.«

Das wollte Jürgen nicht einsehen. Aber in Genussfragen ist es ohnehin schwer, mit ihm zu diskutieren. Er frühstückt Triphala-Pulver mit Manuka-Honig. Diese Kombination soll das Darmfeuer anregen, schmeckt aber wie Vogelsand mit Lebertran und Lebkuchengewürz. Wenn er mich anruft, habe ich immer Angst, dass er mich zum Essen einladen will.

Normalerweise gehe ich deshalb bei ihm nicht dran, aber ich habe gerade sonst nichts vor, und wenn ich seinen Anruf nicht annehme, laufe ich Gefahr, zur Strafe von Jürgen in einen leuchtenden Salzkristall verwandelt zu werden. Jürgen begrüßt mich wie immer mit dem Hinweis, dass mein Wurzelchakra offenbar außer Kontrolle geraten sei. Dann geht es los. Corona. Er wisse, was da los sei. Aus Erfahrung stelle ich mich nun auf ein längeres Gespräch ein. Wenn Jürgen etwas erläutert, tut man gut daran, sich eine kleine Hausarbeit zu besorgen, um die Zeit sinnvoll zu nutzen. Ich suche nach einer alten Zahnbürste, aktiviere den Lautsprecher des Handys und reinige die Abgabeeinheit meiner Espressomaschine, während er spricht.

Jürgen beginnt seine Ausführungen damit, dass diese Phase der allgemeinen Entschleunigung gut dafür geeignet sei, tief in sein Inneres zu blicken.

Man könne sich nun darauf besinnen, was wirklich wichtig sei, und seine Wünsche und Bedürfnisse justieren. Bis hierhin kann ich folgen. Dann verkündet er, dass praktisch niemand wisse, was es mit dem Corona-Dings tatsächlich auf sich habe. Auch da würde ich zustimmen. Die Frau in der Metzgerei redet auch nach knapp drei Jahren beharrlich vom »Carola-Virus«.

Jürgen ignoriert meine Zwischenbemerkung und sagt im Verschwörerton, dass die allermeisten Menschen ja fälschlich davon ausgingen, dass das Virus von 5G-Funkmasten verbreitet würde. Das sei aber völlig falsch. »Ach, das stimmt gar nicht?«, frage ich leutselig und schrubbe den Siebträger.

»Und jetzt willst du sicher wissen, was hier in Wahrheit los ist«, sagt Jürgen, und ihm zuliebe behaupte ich, dass ich es unbedingt wissen müsse. Er sagt: »Die Bienen. Sie waren unsere Beschützer. Aber sie haben die Erde verlassen. Jetzt sind wir vor kosmischen Einflüssen nicht mehr sicher.« Das Virus kommt also aus dem Weltraum. Aha. »Und mit den Bienen ist auch der Statthalter ihres Heimatplaneten gegangen.« Die Kaffeemaschine ist inzwischen blitzblank. »Aha. Und wer ist das?«, frage ich. »Kim Jong-un«, sagt Jürgen. Er sei abgereist und mit ihm die Bienen. Es sei aus. Aber man könne die Krankheit behandeln. Er selbst habe einen Schutz entdeckt. Masken aus einem Material, das das Virus zuverlässig abwehre. Ich frage natürlich, woraus seine Maske sei, und dann lässt er die Bombe platzen: »Pumpernickel.« Ich fasse zusammen: Das Virus kommt aus dem All. Die Bienen haben uns davor beschützt. Nun sind sie mit ihrem Gebieter Kim Jong-un heimgekehrt. Wir sind verloren, außer wir tragen Masken aus Pumpernickel. Jürgen sagt, er habe jetzt keine Zeit mehr für mich. Er habe noch viele Telefonate zu führen.

Später erzählt mir Sara, dass Lorella ausgezogen ist. Sie ist geduldig wie ein Brauereipferd. Aber letzte Woche war es selbst ihr zu viel. Jürgen hat sie offenbar dazu angehalten, nachts im Bett von ihm selbst gefertigte Wäsche zu tragen. Aus Alufolie.

IN DER WG DER RACHEENGEL

Wir haben es schon ganz nett, Nick und ich. Manchmal spielen wir uns Streiche in unserer Jungs-WG. Wir pranken uns gegenseitig, wie er sagen würde. Dann rächt er sich bei mir, weil ich es als Vater nicht anders verdiene, oder ich ärgere ihn, weil er mir zu frech wird. Da kommt der Kerl zu mir und fragt, warum sein schwarzes Hemd noch nicht gebügelt sei. Das ist ziemlich dreist, denn es handelt sich streng genommen um mein schwarzes Hemd, das er mir mit dem Hinweis abgezockt hat, es würde nur Menschen unter dreißig stehen, und indem er es trage, erspare er mir peinliche Auftritte in der Öffentlichkeit.

Das Schlimme daran ist, dass er recht haben könnte. Trotzdem reagiere ich zunehmend gereizt auf seine Späße. Außerdem werde ich öfter zum Prank-Opfer als er. Neulich hat er bei Netflix die Sprache verstellt. Auf Griechisch. Sehr witzig. Ohne eine gewisse fundamentale humanistische Bildung bekommt man das nie wieder weg, denn sämtliche Menüs und Untermenüs sehen aus wie die griechische Verfassung auf Griechisch. Ich musste den Sohn des Lebensmittelhändlers in der Nachbarschaft überreden, die Sache an meinem Fernseher wieder in Ordnung zu bringen. Hat zwanzig Euro gekostet. Zur Strafe änderte ich das Passwort, und Nick ist jetzt erst einmal draußen. Das hat er nun davon.

Es könnte sein, dass seine Tat nur ein Racheakt war, denn zugegebenermaßen ärgere ich ihn auch manchmal. Es macht Spaß und ist Kompensation für seine geballte Frechheit. Zum Beispiel liebe ich es, Anrufe auf seinem Handy entgegenzunehmen. Wir haben inzwischen fast dieselbe Stimme. Wenn Nick nicht schnell genug ist, greife ich sein Telefon, drücke die grüne Taste und sage: »Yo Alder, was geht?« In bisher einhundert Prozent der Fälle werde ich für meinen Sohn gehalten und mit hochinteressanten Ausführungen vollgetextet, jedenfalls bis Nick mir das Handy entrissen hat. Dann sagt er: »Das war mein blöder Vater. Was hast du dem alles gesagt?«

Als Strafe für mein Benehmen hat er mich dann einer unfassbaren Qual ausgesetzt. Er nutzte dabei den Umstand aus, dass ich am Sonntagvormittag noch nicht ganz wach war. Ich schöpfte jedenfalls keinen Verdacht, als Nick dieses Nacho-Dreieck auf einer Untertasse vor mir absetzte. Und auch nicht, als er mit fürsorglicher Geste ein Glas Milch einschenkte. Ich stellte keine Fragen wie zum Beispiel: Was ist da drin? Wo kommt das her? Willst du deinen armen Vater gerade vergiften? Müssen wir reden? Das wäre besser gewesen, denn dieser Super-Nacho hatte zwei Millionen Scoville. Das ist die Einheit, mit der Schärfe gemessen wird. Tabascosoße, deren Verzehr ich schon mutig finde, hat gerade mal 5 000 Scoville. Nick sagte also: »Probier mal, aber gleich alles in den Mund und schnell kauen.« Und ich Esel nahm das ganze Ding in den Mund und kaute schnell. Dann explodierte ich zwanzig Minuten lang, und mein Sohn stand keckernd mit der Milch daneben. Am Ende war ich allerdings wach wie seit Jahren nicht mehr.

Dafür ärgere ich ihn, wenn er im Bad ist. Er hat dort eine tumultöse Box stehen, auf der beim Duschen deutscher Hip-Hop läuft. Es ist mir unbegreiflich, wie aus so einem kleinen Lautsprecher derartige Erdbebenstöße dringen können. Zu Nicks Missvergnügen habe ich eine App auf dem Handy, mit der ich die Box leiser stellen kann. Das bringt allerdings nicht viel, denn er macht sie mit seiner App einfach wieder lauter, wenn er aus der Dusche kommt. Also habe ich eine Methode ersonnen, um ihn in den Wahnsinn zu treiben. Ich mache nicht mehr leiser, sondern lauter. Richtig laut. Und dann wechsele ich die Musik. Sobald er wehrlos ist, weil er seinen Kopf einshampooniert hat, mache ich »Das Lied der Schlümpfe« an. Und zwar volle Pulle. Mann, war der sauer. Und daher wohl zur Vergeltung Netflix auf Griechisch.

Falls Sie auch so böse Kinder haben und keinen griechischen Obsthändler in der Nähe, gehen Sie wie folgt vor: von der Startseite einmal nach links, dann ganz nach oben auf Ihr Profilbild. Dann zweimal nach unten klicken und bestätigen und schließlich erneut zwei Menüpunkte nach unten klicken und bestätigen. Dann sind Sie in der Sprachauswahl. Nichts zu danken. Gern geschehen.

ZUGPHILOSOPHIE

Die Bahn ist wirklich ein sehr kreatives Unternehmen, wenn es darum geht, ihre Kundschaft in Atem zu halten. Zum Beispiel sind die Züge manchmal beinahe pünktlich. Aber zum Ausgleich dafür gehen dann die Türen nicht auf oder das Bordbistro ist geschlossen oder es gibt dort nur noch NicNac's mit Sprudel, was im Bauch für ein tüchtiges Hallo sorgt.

Neulich funktionierte die Klimaanlage in Wagen 28 nicht, was den meisten Kunden im Zug wurscht war, außer jenen, die im Wagen 28 saßen. So wie ich. Als die Temperatur die 40-Grad-Marke überwand, wurde der Waggon evakuiert und die bereits zur Hälfte geschmolzenen Fahrgäste suppten in andere Wagen, in denen es zwar kühler, aber auch voller war. Das war nicht schön und die Maske machte es nicht besser, wahrscheinlich half sie auch gar nicht mehr, weil die Menschen aneinanderklebten wie geschwefelte Feigen aus der Tüte.

Ich steckte zwischen zwei japsenden Damen aus Iserlohn fest und fragte mich, wann endlich das Beamen technisch möglich wird. Wie bei *Raumschiff Enterprise*. Das ginge so schnell, dass man währenddessen nicht einmal einen Bahn-Kaffee trinken müsste. Andererseits würde diese Möglichkeit wahrscheinlich von sehr vielen Reisenden genutzt.

Die halbe Menschheit würde sich selbst über winzige Strecken teleportieren lassen. Also nicht nur von der Erde auf den Mars, sondern auch von der Kneipe nach Hause und vom Wohnzimmer auf die Toilette und von dort über Duisburg und Kopenhagen wieder zurück ins Wohnzimmer. Einfach so, aus Spaß. Im Zwischenraum der Teleportation würde es ziemlich voll werden. Es würde Gedränge in der entmaterialisierten Zone herrschen, und wahrscheinlich käme es zu Fehlern, und man landete zur Hälfte im Körper von Lothar Matthäus in einem Hotel in Tirana.

Was aber auf jeden Fall stimmt, ist die These, dass Reisen bildet. Man sollte Zugtickets daher als Bildungsreisen von der Steuer absetzen dürfen. Gerade war ich in Schleswig-Holstein und habe dort brisante Learnings eingesammelt, was das Büsumer

Krabbenbusiness betrifft. Die kleinen Biester werden nämlich zwar in der Nordsee gefischt, aber anschließend nach Marokko gebracht, dort gepult und dann wieder nach Büsum gefahren und Touristen wie mir mit Bratkartoffeln serviert. Donnerwetter. So eine winzig kleine Krabbe auf meinem Teller ist unter Umständen mehr in der Welt herumgekommen als der Fischer, der sie aus dem Wasser gezogen hat.

Wer dies irre findet, dem sei berichtet, dass ein gewisses Quantum des berühmten Schrobenhausener Spargels nachts geerntet wird, damit es in München pünktlich am Flughafen ist, um mit einer frühen Maschine nach New York zu fliegen. Dort gibt es dann mittags den Spargel aus Bayern in ausgewählten Feinkostläden der Stadt. Und zwar für sieben Dollar. Pro Stange. Wie groß doch die Welt ist und wie klein die Hirne ihrer Bewohner.

Bahnkunden sind auch irgendwie Krabben und Spargel, da sie dem Transport genauso hilflos ausgeliefert sind. Sie nehmen allerdings mehr mit von so einer Reise. Zum Beispiel, dass der ICE nach Bremen leider nicht warten konnte. Oder dass das Bordrestaurant nicht besetzt ist, weil die Crew den

Anschluss verpasst hat. Und dass die Türen von Wagen 21 nicht aufgehen. Vorher gingen sie nicht zu, aber dann kam jemand; wenig später war das Problem behoben. Und jetzt gehen sie eben nicht mehr auf.

Neben mir tobt ein Bahnkunde, weil es auf der Toilette kein fließendes Wasser gibt, was er ekelhaft findet. Da kann man im Prinzip zustimmen, allerdings muss man auch sagen, dass die Bahn keine Badeanstalt ist. Sie ist ein Transportunternehmen. Man darf nicht zu große Erwartungen an das Unternehmen stellen, dann ist man auch nicht enttäuscht.

Die Bahn hat diese Erwartungen allerdings in den letzten Jahren selbst hochgeschraubt, indem sie das Serviceangebot immer weiter ausgebaut hat. Mit WLAN in den Zügen zum Beispiel. Oder mit der digitalen Anzeige von Reservierungen an den Plätzen. Oder dem Angebot aktueller Zeitungen in der ersten Klasse. Wenn sie all das nicht anbieten würde, müsste man sich weniger über die Bahn ärgern, weil man dann nicht andauernd feststellen müsste, dass das WLAN nichts taugt, dass die Reservierungsanzeigen nicht funktionieren und gar keine Zeitungen an Bord sind. Wenn sich die Bahn auf ihre Kernkompetenzen konzentrieren könnte, würden vielleicht auch die Türen aufgehen.

Man muss übrigens gar nicht erst einsteigen, um die Erfahrung einer gescheiterten Bahnfahrt zu machen. Es reicht schon, am Gleis zu stehen und die Anzeige über dem Bahnsteig anzusehen. Diese Kästen sind die brennenden Büsche der Zugreise. Sie teilen nicht nur mit, wann ein Zug gehalten hätte, sondern auch, wann ungefähr damit zu rechnen ist, und manchmal auch, wieso man sich das aus dem Kopf schlagen kann. Manchmal steht auch da, dass der Zug auf einem anderen Gleis hält und welche Züge ihm theoretisch folgen. Oder es werden sämtliche Infos gelöscht und es stehen nur noch drei Worte dort: Fahrt. Fällt. Aus. Man wurde als Bahnkunde gefeuert und kann gucken, wo man bleibt.

Die Leute, die diese Tafeln bedienen, haben Humor. Anders ist die Angabe der Wagenreihung nicht zu erklären, denn eigentlich hält ein Waggon nie, wo man ihn erwartet. Meistens steht dann da: »Bitte beachten Sie die geänderte Wagenreihung.« Außer gestern. Ich staunte nicht schlecht, als ich in Hannover auf den ICE nach Hamburg wartete und auf die Anzeige sah. Da stand nämlich: »Wagenreihung wie geplant.« Diese Info besaß einen fast schon teuflischen Charme, den man diesen Leuten eigentlich gar nicht zutraut.

FUSSBALL MIT AKTIVISTEN

Zehn Minuten vor Anpfiff des Spiels Deutschland gegen Ungarn klingelt es an der Tür. Ich bin auf Besuch nicht eingestellt und öffne unwillig. Vor der Tür steht meine Tochter Carla mit zwei Freunden: Fabiola und Pere. Ob man bei mir schnell was essen könne. Ich habe prinzipiell nichts dagegen, solange ich in Ruhe Fußball gucken kann. Carla sagt, sie wünsche sich sehr, dass ich ihnen etwas koche, Pasta mit meiner tollen Soße. Aber das geht nicht. »Wenn ihr Nudeln wollt, müsst ihr warten, bis das Spiel zu Ende ist.« Das Trio überlegt kurz und entscheidet einstimmig, mit mir Fußball zu schauen. Erstens haben sie kein Geld für einen Restaurantbesuch und zweitens müsse man auch mal offen sein für die kleinbürgerliche Lebenswelt von Fußballprolos.

Eigentlich wäre das der geeignete Moment, diese drei gönnerhaften Pinsel an die Luft zu setzen, doch mein Kind besucht mich nicht oft genug, als dass ich dafür die Kraft hätte. Aber ich lege Regeln fest: Es darf nicht geredet werden beim Spiel. Außer über Fußball. Ich hasse es, wenn Menschen während einer Ecke über ihre Gallenblase reden oder über Netflix-Serien. Carla, Fabiola und Pere akzeptieren widerwillig, auch wenn sie Regeln ganz allgemein für ein Konstrukt zur Unterdrückung der LBGTQ-Community halten. Sie schaffen es, für drei Minuten den Rand zu halten, dann fragt Pere in die Runde, was eigentlich sei, wenn eine Transfrau, die früher mal mit einer männlichen Geschlechtsidentität gelebt hat, in der Frauen-Nationalmannschaft spiele. Ob das dann wettbewerbsverzerrend sei. Ich sage, das sei mir wurscht und Carla beschimpft mich als heteronormativen Aso.

Um nicht in der Halbzeit aus meiner eigenen Wohnung geworfen zu werden, schmiere ich mich an die Herrschaften heran, indem ich sie frage, ob es nicht eine gute Geste gewesen sei, dass Cristiano Ronaldo die Flaschen eines Werbepartners vom Podium der Pressekonferenz geräumt habe, weil diese viel Zucker enthielten. Pere zuckt mit den Schultern und bezeichnet die Aktion als heuchlerisch, weil es schlimmere Sponsoren als Coca-Cola gebe. Und dann sagt er: »Sechs der zwölf Sponsoren der Europameisterschaft kommen aus diktatorischen korrupten Ländern, in denen die Todesstrafe gilt, in denen keine fairen Wahlen abgehalten werden und in denen die freie Meinungsäußerung konsequent unterdrückt wird. Dazu sagt dieser Lackaffe nichts. Aber regt sich über Softdrinks auf.«

Wahrscheinlich hat er recht. Diese Generation ist schon teuflisch gut informiert. Aber ich traue mich nicht, Pere zu sagen, wie es ist: Ich bin auch korrupt. Die meisten Fußballfans sind korrupt. Mir wurscht, wer da wirbt, solange Sané endlich mal trifft. Und patsch, in der 68. Minute steht es 2:1 für Ungarn. Auch, weil Sané gar kein Verteidiger ist. Ich schimpfe. Pere erklärt mir, was Sané jetzt brauche, sei universelle Liebe und eine sanfte Massage des Oberbauchs.

Meine Laune rutscht in den Keller, zumal Fabiola die wichtigste Regel bricht, indem sie von einem Falafelstand erzählt, den sie nice findet. Ich sage, dass jetzt keine Zeit sei für Falafel. Wir könnten über Goretzka reden, aber nicht über Falafel. Ob ich nur deshalb etwas gegen Falafel hätte, weil der Budenbetreiber Libanese sei. Ich antworte scharf, dass mir wurscht sei, was der ist, ich wolle jetzt einfach Fußball gucken. Sie findet mich patriarchalisch. Ich überlege, ob ich sie endgültig rausschmeiße, aber das wäre noch patriarchalischer.

Schließlich das erlösende Tor, Jubel bei mir, Unverständnis bei meinem Kind und seinen Freunden. Man unterstellt mir Unreife. Dann fragt Carla, wer denn der schöne Junge sei. »Kai Havertz«, sage ich. Havertz guckt auf dem Platz wie der neunjährige Klaus, der gegen seinen Willen zur Stadtranderholung muss. Pere sagt, dass er Havertz süß finde. Carla sagt, dass sie ihn auch süß fände. Und ich sage, dass ich ihn ebenfalls süß fände. Das Recht dazu wird mir klar abgesprochen, weil das nur pansexuelle Frauen oder Schwule sagen dürften, aber keine CIS-Männer wie ich. Ich reklamiere Freiheitsrechte für mich und man einigt sich schließlich darauf, dass alle Menschen das Recht haben, Kai Havertz süß zu finden, ganz gleich, welches Alter und welche sexuelle Orientierung sie haben. Ich bin erleichtert über diesen Kompromiss. Dann mache ich Nudeln.

MIT METT UND MAUS

Man sollte Liebeskummer offiziell als Krankheit anerkennen. Die Symptome sind so schwer und der Verlauf ist derart erschöpfend, dass es nur fair wäre, den Liebeskummer mindestens auf eine Stufe mit einer Entzündung im Blasenbereich oder einer langwierigen Infektion der Bronchien zu stellen. Es müsste Ärzte geben, die darauf spezialisiert sind, Liebeskummer zu behandeln, und Medikamente, die dagegen besser helfen als Alkohol.

Ein Hauptsymptom dieser Erkrankung ist unentwegtes Grübeln. Es führt immer weiter ins düstere Dickicht der Seelenpein, der Selbstzweifel und der irrationalen Schlussfolgerungen. Gute Freunde können einen ablenken, das funktioniert für eine Weile, aber irgendwann ist man doch wieder alleine und stellt sich bohrende Fragen: Warum? Was habe ich falsch gemacht? Wem gehört der Roller vor ihrer Tür? Und noch einmal und immer wieder: Warum?

Es tut mir in der Seele weh, aber Nick ist ganz fürchterlich erkrankt. Er isst nichts, er schläft kaum, er sieht aus wie ein Geist und macht sich Vorwürfe, als habe er die einzige Torchance in einem WM-Finale vergeben. Diese Selbstbezichtigungen sind das Schlimmste. Er hätte nicht in ihrer Gegenwart rülpsen sollen. Er hätte nicht so laut lachen sollen, als sie ihm ihre Pilates-Übungen vormachte. Er hätte ihr öfter mal einen Kakao ans Bett bringen können. »Aber das sind doch Kleinigkeiten«, sage ich. »Daran kann es doch nicht gelegen haben.«

Nick räumt ein, dass er vielleicht auch nicht auf der einen Party mit seiner Ex hätte knutschen sollen. So etwas kommt immer raus. Immer. Und nun ist Franziska weg. Er hat Ideen, wie er sie zurückerobern könnte, und fragt mich, ob die eine oder andere Methode zünden könnte. Leider klingen seine Vorschläge wie Einfälle aus dem RTL-Setzkasten für romantische Liebesbeweise, wie sie in »Bauer sucht Frau« Verwendung finden, wenn etwa ein Landwirt aus Oberfranken 300 Teelichter um eine Aufschnittplatte drapiert und mit glühenden Wangen darauf hofft, seine Angebetete mit 400 Gramm Bierwurst und einem Mettigel von sich überzeugen zu können.

Nick möchte gerne Franziskas Schulweg mit Blütenblättern säumen, was angesichts einer Strecke von viereinhalb Kilometern erhebliche Löcher ins Budget reißen wird. Und zwar in meines, denn er hat ausgerechnet, dass er bei großzügiger Streuung der Blättchen dafür ungefähr 5 000 Rosen benötigt. Ob ich ihm etwas pumpen könne. Ich lehne ab. Dann schlägt er vor, etwas vor ihrem Haus zu singen. Oder zu rappen. Er möchte eine Lautsprecher-Box von der Größe eines Lastwagens mieten. Ich rate ab, schließlich weiß ich aus meiner langen Lebenserfahrung heraus, dass man sich mit derartigen Aktionen furchtbar zum Obst machen kann. Ich habe zum Beispiel einmal versucht, eine junge Frau aus Hefeteig nachzubacken, und das Ergebnis mit den Worten präsentiert, das sei ein Abbild von ihr, geformt aus reiner Liebe. Sie blieb aber unerobert, zumal das Gebäck aussah wie Dänemark.

Ich rate Nick also, keinen Druck zu machen. Ruhig zu bleiben; sich nicht zu melden, auch wenn es schwerfällt. Ich sage ihm, er solle bei Insta ihre Posts liken, damit sie sieht, dass er noch da ist. Er könne ihr in einer Woche einen Brief schreiben. Mit der Hand. Nicht per WhatsApp. Aber um Himmels willen keinen Druck ausüben. Und er soll sich beschäftigen. Zum Sport gehen, draußen sein, für Ablenkung sorgen. Mehr kann ich ihm nicht raten. Und auch, wenn diese Tipps langweilig sind: Bessere kenne ich nicht. Wenn sie ihn doch noch mag, wird er es schon erfahren. Und wenn nicht, tja, dann dauert es noch eine Weile, es bleibt noch schwer, aber dann wird es leichter. Irgendwann.

Nick findet meine öden Ratschläge gut, und ich höre zwei Stunden lang nichts von ihm. Dann steht er vor meinem Schreibtisch und teilt mit, er habe eine neue Idee: Er werde Franziska wie eine Königin behandeln und ihr ein Bad in Mäusemilch anbieten. Er habe recherchiert, dass man für einen Liter Mäusemilch etwa 4000 Mäuse benötige, das mache bei einer ganzen Badewanne etwa 600000 Mäuse. Ob ich das als Liebesbeweis nicht auch krass fände. Ich seufze und denke, dass eines der schlimmsten Symptome des Liebeskummers wahrscheinlich nicht behandelbar ist, nämlich diese völlige Beratungsresistenz.

WASSERHAHN ZU?

Wenn sich mir ein Gerät mit Konversation auf-
drängt, werde ich schnell ungehalten. Ich finde schon
Menschen meistens zu geschwätzig und würde ge-
nerell gerne viel weniger Gespräche führen. Und
auf keinen Fall würde ich mir einen dieser Quatsch-
kästen kaufen, denen man befiehlt, welche Musik
sie spielen sollen und die man fragt, wie das Wetter
in Kassel ist.

Ich bekomme zu viel, wenn mein Auto wissen
will, ob ich zur nächsten Tankstelle fahren möchte.
Oder Programme im Rechner, die besorgt nachfra-
gen, ob ich sicher bin, wenn ich sie beenden will. Ja,
ich bin sicher. Diese pseudobesorgten und letztlich
auf Herrschaft getrimmten Allüren der Algorithmen
gehen mir gewaltig auf die Murmel. Warum gibt es
Armbanduhren, die einem sagen, dass man heute
noch 1 300 Schritte tun muss, zu wenig getrunken hat und das neue Album von den Kastelruther
Spatzen bestellen kann?

Das Blöde am Dialog mit Geräten ist die Einseitigkeit der Kommunikation. Man kann seiner Armbanduhr natürlich ein schwungvolles »Lecko mio« entgegenbellen, aber sie wird nicht darauf reagieren. Im Gegenteil. Sie wird eine Stunde später mitteilen, dass die Milch im Kühlschrank in einer Woche abläuft. Es juckt sie null, dass man sie nicht mag. Man kann künstliche Intelligenz nicht beleidigen, schon weil sie keinen Humor hat. Und keinen Charme. Sie kann sich merken, welche Musik ich gerne höre. Aber das kann ich mir auch merken, dafür brauche ich keine digitalen Besserwisser.

Und nun quatscht mich meine Waschmaschine voll. Wenn sie wenigstens etwas Nettes sagen würde, so etwas wie: »Du siehst heute fabelhaft aus.« Oder: »Ich wünschte, ich wäre eine Geschirrspülmaschine, dann würden wir uns öfter sehen.« Aber für so etwas ist sie zu doof. Jedes Mal, wenn sie wäscht, piept sie 26 Minuten vor dem Ende, und auf dem Display steht »Wasserhahn zu?«. Ja wie? Natürlich nicht. Warum sollte der Wasserhahn zu sein? Ich bin noch nie auf den Gedanken gekommen, den Wasserhahn hinter der Waschmaschine zu schließen. Was soll also die Frage, zumal die

Waschmaschine bereits seit einer Stunde läuft, und zwar unter reger Beteiligung vieler Liter guten Leitungswassers aus dem Wasserhahn.

Da ich nicht weiß, was man jetzt tun soll, drücke ich die Starttaste, und es geht weiter. Bei der nächsten Wäsche dasselbe. Die Maschine piept und fragt: »Wasserhahn zu?« Starttaste. Weiter. Jedes Mal. Nach drei Wochen stehe ich wie der innerlich rasende Taxi Driver Travis Bickle vor der Maschine. Sie fragt: »Wasserhahn zu?«, und ich antworte: »Redest du mit mir? Du laberst mich an? Kann das sein, dass du mich meinst? Du redest mit mir? Ich bin der Einzige, der hier ist. Mit wem kannst du Arsch in diesem Ton reden?«

Und die Waschmaschine sagt: »Ich mein ja nur, vielleicht rufst du mal den Kundendienst an. Ich weiß auch nicht, warum das immer auf meinem Display steht.« Darauf setze ich mich an den Rechner und lese zunächst einmal sämtliche Forenbeiträge zum Thema »Wasserhahn zu«. Dabei fällt auf, dass niemand mein Problem hat. Bei den anderen Leuten bleibt die Wäsche trocken, weil nun einmal der Wasserhahn zu ist. Aber bei mir wird die Wäsche nass, und die Maschine stoppt nur, um mir ihre sinistre Frage zu stellen. Schließlich rufe ich beim Kundendienst an, der sich sehr geduldig mein Problem anhört. Dann sagt der Herr: »Vielleicht drehen Sie mal den Wasserhahn auf.«

»Der Wasserhahn ist auf«, rufe ich. »Er hat Druck wie ein russischer U-Boot-Matrose, und die Wäsche wird tadellos eingespült.«

Der Mann sagt, ich könne ja mal die Filter am Wasseranschluss reinigen und schauen, ob ein Schlauch eingeklemmt ist. Habe ich aber alles schon gemacht. Er schlägt vor, entweder den Kundendienst zu bestellen oder die Sache zu ignorieren. Eigentlich hat er null Ahnung von der Psyche meiner Waschmaschine. Ich baue mich vor ihr auf und sage laut: »Wenn du noch einmal fragst, ob der Wasserhahn zu ist, bringe ich dich um.« Dann lege ich Wäsche ein. Nach einer Stunde piepst es. Ich gehe zur Maschine. Und auf dem Display steht nicht »Wasserhahn zu?«. Sondern einfach nur »E:17«. Das Ding macht mich fertig.

EINGETUPPERT UND EINGEDOST

Mein ökologischer Fußabdruck ist nicht groß, glaube ich. Zum Beispiel benötige ich zwei Jahre für eine Rolle Aluminiumfolie. Verglichen mit dem Aluverbrauch einer durchschnittlichen Pommesbude ist das ein kaum messbarer Bedarf. Ich habe mal durchgerechnet, was so ein Imbiss allein benötigt, um den Herd mit Folie auszulegen, damit nach Feierabend das Putzen vermieden werden kann. Geht man davon aus, dass hier zwei Meter Alu schnell abgerissen sind und nur ungefähr 1 000 Imbissbuden von dieser Methode Gebrauch machen, gehen in Deutschland zwei Kilometer Alufolie dafür drauf. Pro Tag. Oder 730 Kilometer im Jahr. Und das ist noch konservativ gerechnet. Vielleicht machen das auch 2 000 Pommesbuden und 40 000 weitere Restaurantküchen. Wer weiß das schon. Es sind auf jeden Fall gewaltige Mengen. Was ist dagegen schon der Fitzel, den ich vorhin abgerissen habe.

Aber ich muss mich mit Carla herumschlagen, die in meiner Küche rumkrakeelt und mir mit der Alurolle in der Hand droht. Meine Tochter hat beschlossen, die Nudeln, die ich ihr zubereitet habe, mit nach Hause zu nehmen. In Ermangelung einer Tupperdose habe ich sie in Alufolie eingeschlagen und damit ihre *woke* Seele in Wallung versetzt. Was ich mir eigentlich *dabei* dächte, schimpft sie. Unfassbar. Nur Boomer wie ich verpacken Essen *immer noch* in Alufolie.

»Worin denn sonst?«, barme ich. Ich habe überhaupt nicht für möglich gehalten, dass man sich so darüber aufregen kann. Aber ich verstehe auch nicht, warum sich Menschen damals darüber echauffiert haben, dass der glücklose Kanzlerkandidat Armin Laschet in alten Lederschuhen zum Flutgucken ging. Was hätte der arme Tunichtgut denn sonst anziehen sollen? Flip-Flops?

Jedenfalls schimpft mein Kind mal wieder mit mir. Wegen 30 Zentimetern Alufolie. Ich sage, dass das doch gar nichts sei, völlig unbedeutend. Sie sagt: »Und ein Strohhalm aus Plastik ist auch nichts, oder?« Für sich genommen nicht, denke ich, aber ich wage nicht, das zu sagen. Sie fügt hinzu: »Ein Strohhalm ist vielleicht wirklich nichts, aber in Deutschland kommen übers Jahr gerechnet 40 Milliarden dieser Nichtse zusammen.« Das wusste ich nicht, und es ist eine gewaltige Menge. Wenn ein solcher Halm ein Gramm wiegt, sind das 40 000 Tonnen Plastikröhrchen. Viele von den Dingern landen am Ende im Meer und in den Bäuchen von Fischen und Vögeln. Das lässt sich nur verhindern, wenn es keine Trinkhalme aus Kunststoff mehr gibt. Gar keine. Nirgendwo.

Und eine Portion Nudeln in Alufolie ist auch nichts. Aber wenn 1 000 Münchner Väter mit kleinem ökologischem Fußabdruck jeden Tag 1 000 mit Liebe zubereitete Nudelgerichte in Alu einwickeln, entsteht ein riesiger Berg von Alumüll. Carla redet sich in Rage und befiehlt, dass ich ihr nie wieder mit Alufolie kommen solle. Und meine Haare darf ich nur noch zweimal pro Woche waschen. Fenster müsse man gar nicht putzen und ein Auto bloß einmal im Jahr. Ich antworte, dass ich keine Lust hätte, mir alles verbieten zu lassen, was Spaß macht. Ich fahre irrsinnig gerne durch die Waschanlage. Es ist so ziemlich das einzige Abenteuer, das ich mir im Alltag leiste. Mir egal, ob das traurig ist. Ich stelle mir dabei immer vor, die Waschstraße sei die unterirdische Befestigungsanlage eines Superschurken und ich sei James Bond und mein Auto ein Aston Martin DB9. Träume eines alten weißen Vaters.

»Einmal im Jahr reicht«, sagt Carla. Man habe zudem das Leitungswasser beim Zähneputzen und Rasieren auszumachen. Keine Ahnung, woher sie weiß, dass ich es immer laufen lasse. Vermutlich, weil ich ein Boomer bin und alle Boomer das machen. Dann gibt sie mir einen Kuss und verlässt die Wohnung mit den Nudeln in einem kleinen Topf. Und ich setze mich an den Rechner und bestelle ein paar Lebensmittelbehälter aus Glas, in denen man Essen transportieren kann.

Ich komme mir blöd vor, denn sie hat einfach recht. Man kann Witze über ihr unerbittliches Umweltbewusstsein reißen, das schon. Aber leider nur, wenn man mitmacht. Und was wird jetzt aus der Alufolie? Die nehme ich am Ende mit ins Grab.

ZLATANISIERTE ZITRONENSTERNE

Obwohl wir getrennt sind, feiern Sara und ich mit den Kindern immer abwechselnd bei Sara und bei mir Weihnachten. In diesem Jahr bin ich als Gastgeber dran, und da Sara es sehr genau nimmt mit der Ausstattung des Festes, brauche ich auch einen schönen Adventskranz.

Der Kauf eines Adventskranzes findet bei mir traditionell kurz nach dem ersten Advent statt. Bisher erwarb ich die Dinger immer für zehn Euro im Baumarkt und warf sie nach Silvester in den Müll. In diesem blöden anstrengenden Jahr war mir jedoch nach Glamour zumute und ich suchte ein Fachgeschäft auf.

Die Verkäuferin musterte mich, zeigte beherzt auf einen Kranz und rief: »Das ist Ihrer. Männlich und mit dem kühlen Blau der winterlichen Hortensie. Den können Sie mehrere Jahre benutzen.« Das gefiel mir gut, weil er am Ende 225 Euro gekostet hat.

Ich drapierte den Kranz auf dem Esstisch und zündete die erste Kerze an, die aber nicht wesentlich anders abbrannte als eine auf einem Zehn-Euro-Kranz. Ich hatte für das Geld ein größeres Spektakel erwartet. Damit sich die Anschaffung einigermaßen amortisiert, muss ich das Ding einhundert Jahre lang benutzen, dann hat es bloß 2,25 Euro pro Weihnachten gekostet. Oder: Ich gehe in zehn Jahren damit zu »Bares für Rares«.

Ich lege den Kranz auf den Tresen, und da kommt auch schon Horst Lichter angelaufen, der immer aussieht, als hätte Tomi Ungerer einen Gefreiten aus dem Ersten Weltkrieg gemalt. Lichter ruft: »Wen hama denn da?« Ich stelle mich vor, und er sagt: »Ich bin der Hochst. Und jetzt erzähl uns doch mal, watt datt hier is!« Ich erkläre Hochst und dem Experten, dass es sich um einen Blumenkranz aus dem Besitz von König Ludwig II. handele. Und dass ich auf Schloss Neuschwanstein als Raumpfleger tätig gewesen sei. Der Kranz habe unter dem Bett des unglücklichen Monarchen gelegen, wo seit über hundert Jahren nicht sauber gemacht wurde, bis ich gekommen sei. Man habe mir den Kranz anstelle eines Lohnes überlassen und mir gesagt, der König habe diesen Kranz in Winternächten auf dem Kopf getragen. Aber ich habe ihn zehn Jahre als Adventskranz benutzt. Deshalb auch die Kerzen.

»Leck misch de Söck«, jubelt Horst Lichter, und dann ist der Experte dran, in diesem Fall der höfliche Detlev Kümmel, der den Kranz mit einer Lupe auf Beschädigungen untersucht und dann ausführt, dass es sich um einen Kranz aus dem Blumenhaus Bögelmann in Füssen handeln müsse. Dort habe die berühmte Maria Bögelmann ab 1876 stilbildende Kränze gewunden, häufig wie hier unter Verwendung blauer Hortensien. Dann zeigt er auf die Hortensien, und Horst Lichter ruft: »Jetzt seh ischet auch. Hochtensien!« Der Experte sagt, dass dieser Kranz eine einmalige Rarität sei, zumal aus dem Besitz von Ludwig II.

Nun raunt Lichter, dass ich doch sicher eine Preisvorstellung habe, und ich antworte defensiv, dass ich vielleicht 225 Euro dafür haben wolle. Herr Kümmel sagt, das sei zu niedrig gegriffen. »Für einen solchen Kranz würde ich 500 bis 600 Euro ansetzen«, verkündet er. Hochst wünscht mir viel Glück bei den Händlern.

Wenig später stehe ich vor denen und Waldi verkündet, er gebe mir achtzisch Euro für den Prügel.

Wolfgang Pauritsch mault an den Wachsflecken auf den Blütenblättern herum und bemängelt, dass der Kranz nicht signiert sei. Es kommt zum Bietergefecht, in dessen Verlauf natürlich die Frage gestellt wird, wo denn meine Schmerzgrenze sei. Ich lüge und sage, dass sie bei dicht unter 700 Euro verlaufe, und schließlich schlägt Daniel Meyer mit 700 Euro zu, und Pauritsch fragt: »Wollen Sie das Stück zu diesem Preis verkaufen?« Ich sage Ja und habe ein gutes Geschäft gemacht. Jedenfalls in meiner Fantasie

Abends kommt Nick nach Hause. Er sieht den zauberhaften Adventskranz mit den blauen Hochtensien und sagt: »Was ist das denn? Ein Glück ist das madige Ding am 1. Januar weg. Das ist ja krass scheußlich.« Aber immerhin: Sara gefällt er.

Dafür mäkelt sie daran herum, dass ich noch keine Plätzchen gebacken habe. Ich kann nicht backen und sehe darin keine Charakterschwäche. Ich kann auch nicht Saxofon spielen, einen Panzer fahren und kein Wort Finnisch. Backen können muss man genauso wenig. Man kann Plätzchen überall kaufen.

Sara zeigt mir einen Vogel und sagt, ich sei nicht recht bei Trost. Plätzchen zu backen sei eine

Tradition. Das ist in der Tat richtig. Diese Tradition sah bisher vor, dass Sara und Carla backen und Nick und ich fressen. Aber damit ist es nun vorbei. Die Frauen fordern Nick und mich ultimativ dazu auf, Plätzchen herzustellen. Man komme langsam in ein Alter, wo man sich nicht mehr von Muttchen bebacken ließe. Daraufhin versteigt sich Nick zu der irren Behauptung, er habe nur deswegen noch nie gebacken, weil er seine Mutter und seine Schwester nicht mit seinen krassen Back-Skills beschämen wolle.

Das ist blöd und führt dazu, dass Sara zu einem Wettbacken aufruft. Zeitgleich in beiden Wohnungen. Jedes Team habe drei Sorten anzufertigen. Man müsse die Ergebnisse fotografisch dokumentieren. Carla ist begeistert, Nick komischerweise auch. Ich sage, dass ich für so etwas keine Zeit habe, weil ich ein viel beschäftigter Mensch sei. Das ist aber gelogen. Ich habe vor Weihnachten meistens nüscht zu tun und bereits alle Madenschrauben in sämtlichen Türklinken der Wohnung nachgezogen. Ich habe frei, und jeder weiß das. Also füge ich mich in mein Schicksal.

Nick und ich kaufen ein, um drei Arten von Plätzchen nach Familienrezepten herzustellen. Vielfach verzehrt, narrensicher, easy. Wieder zu Hause öffnen wir zur Vorbereitung ein Back-Bier. Darüber vergeht ein gutes Stündchen, dann stelle ich fest, dass wir für das Berliner Brot kein Hirschhornsalz haben. Nick behauptet, das sei ein Hippie-Gewürz, welches man *safe* durch die dreifache Menge Tafelsalz ersetzen könne. Da er früher mal Hauswirtschaft in der Schule hatte, glaube ich ihm. Wir fertigen den Teig an und verteilen ihn auf einem Backblech, welches wir feierlich dem Ofen übergeben. Darauf stoßen wir mit einem Ofen-Bier an.

Das Berliner Brot erweist sich dann als ausgesprochen widerstandsfähig. Man könnte es gut als Straßenbelag oder im Betonbau verwenden. Nick sagt, das sei okay so, man müsse es ja nicht »Berliner Brot« nennen. Er schlägt stattdessen »Berliner Mauer« vor. Ein völlig neuer und übrigens herrlich salziger Snack für den Fußballabend. Leider lässt sich das Zeug nicht schneiden und auch nicht sägen. Wir beschließen, dass man sich, wenn der kleine Hunger kommt, Portionen vom Stück hämmert, und sind zufrieden.

Zwischendurch erhalten wir Fotos. Carla und Sara schicken Bilder von vollen Backblechen, von abdampfenden Makronen und mit Puderzucker bestäubten Pfauenaugen. Wir öffnen ein Foto-Bier und machen Selfies, dann beginnen wir mit der Vanillekipferl-Produktion. Leider fehlen die gemahlenen Haselnüsse. Vergessen. Nick schlägt vor, stattdessen gesalzene Erdnüsse zu nehmen, denn Nuss sei Nuss. Und außerdem könne man das Salz abwaschen. Ich kann ihn mit Mühe davon abhalten, Spüli dafür zu verwenden. Dann zerquetschen wir die nicen Nüsse mit leeren Bierflaschen und mengen sie in den Teig. Die Kipferl sehen zwar etwas schwierig aus, aber sie kommen ja auch nicht aus der Fabrik. Das ist eben Handwerk. Nach dem Abkühlen werden sie bestäubt und umgehend entsorgt, bis auf die beiden Exemplare, die nicht bei Berührung zerbröselt sind. Wir verzehren sie bei einem Kipferl-Bier.

Nun noch Zitronensterne. Nick möchte sie gerne mit dem Penis-Förmchen ausstechen, das er zum Geburtstag von seinem Freund Finn bekommen hat. Aber die Dinger heißen Zitronensterne und nicht Zitronenpimmel. Da lasse ich nicht mit mir diskutieren. Wir stechen aus, glasieren und backen im Akkord. Dann schmeißen wir weg, weil man die Plätzchen erst *nach* dem Backen glasiert und nicht *vorher*. Menschenskind. Also stellen wir ein zweites

Blech her, und als der Wecker klingelt, öffne ich den Ofen, um die Plätzchen herauszunehmen. Gleichzeitig hält Nick ein Impulsreferat zum Thema Zlatan Ibrahimović. Er erzählt, dass der Fußballspieler gerne seine Gegner auf dem Spielfeld mit kreativen Dribblings düpiere und dann verkünde, sie seien soeben zlatanisiert worden. Er berichtet von einem legendären Kung-Fu-Tritt des wilden Zlatan und macht ihn vor, als ich mich umdrehe. Nick zlatanisiert das Backblech, die Plätzchen fliegen durch die Küche und zerschellen auf dem Boden. Wir glasieren sie trotzdem bei einem Glasur-Bier.

Am Ende haben die Frauen gewonnen. Wir hatten bloß Berliner Mauer, Bröckelkipferl und Zitronenschrott. Harte Arbeit, karger Lohn.

DIE REHKAPITULATION

Zwei Wochen vor Weihnachten drückt mir Sara einen Einkaufszettel in die Hand. Sie behauptet, dass man frühzeitig mit dem Besorgen der wichtigsten Lebensmittel beginnen müsse, sonst stehe man am ersten Weihnachtstag nackich inne Erbsen, wie man in Bayern sagt. Ich erkläre ihr, dass ich mich weder vom Christkind noch von ihr vor sich hertreiben ließe, und dass noch reichlich Zeit sei zum Einkaufen. Immer diese vorweihnachtliche Konsumhysterie.

Mit meiner Einschätzung liege ich natürlich falsch. Ich liege sehr häufig falsch, ich irre mich eigentlich dauernd. Zum Beispiel entschied ich mich im Sommer beim Einkaufen gegen Salsiccia mit Fenchel aus einem Impuls heraus für sogenannte Käsekrainer, obwohl das Wort schon so klingt wie eine Volkstanzgruppe beim AfD-Parteitag. Folgerichtig platzten die Dinger auf dem Grill und spritzten mich mit Fett und Käse voll. Von einer

Wurst gedemütigt zu werden ist wie Samba mit einem einbeinigen russischen Rentner zu tanzen.

Und am 23.12. nahm ich dann an, dass man einfach so losziehen und Rehgulasch kaufen kann. Also ging ich zum Metzger. An der Theke hing ein Schild: »Bestellungen für Weihnachten werden bis zum 17.12. angenommen.« Ich war also sechs Tage zu spät dran. Aber fragen kostet nichts. Ich sagte: »Wenn ich jetzt noch eineinhalb Kilo Rehgulasch für Weihnachten haben möchte, bin ich wahrscheinlich zu spät dran, oder?«

Die Metzgerin wischte sich die Hände ab und sagte: »Wenn Sie es für nächstes Jahr Weihnachten haben wollen, sind Sie recht früh dran. Sie können Schweinsgulasch haben.« Ich sagte, dass ich lieber Reh hätte, und sie sagte: »Wir haben nie kein Reh. Und Hirsch haben wir auch nie nicht. Gar kein Wild haben wir.« Ich sagte: »Aber wenn Sie welches hätten, wäre ich zu spät dran, oder?«

Die Komplexität dieser Frage warf sie leicht aus der Bahn, denn woher sollte sie auch wissen, ob sie noch etwas von etwas hätte, was sie nie hat, wenn sie es gehabt hätte. Sie sagte, dass es in der Innenstadt zwei Wild-Metzgereien gebe. Und dass ich mich darauf einstellen müsse, lange anzustehen. Damit habe ich kein Problem. Ich bin da Kummer gewohnt. Ich habe mal eine Stunde bei Karstadt für ein Autogramm von Uwe Seeler angestanden. Und als ich dran war, war der Stift leer. Seeler stand auf, trat mir dabei auf den Fuß und ging einfach weg. Aber man muss das positiv sehen: Andere haben seine Unterschrift bekommen, aber nur ich hatte einen blauen Fleck von Uwe Seeler.

Ich googlete die Metzgereien in der Stadt und rief dort an. Bei der einen ging niemand dran, und bei der anderen lief eine Banddurchsage, der zufolge man in der Weihnachtszeit nicht ans Telefon gehe.

Man hat beinahe den Eindruck, es gäbe an Weihnachten noch andere Menschen, die Reh essen wollen. Ich fuhr in die Stadt, und tatsächlich standen Bürgerinnen und Bürger sonder Zahl bei der Metzgerei an. Es musste gerade ein tüchtiges Geballer im deutschen Wald sein. Wenn ich ein Reh wäre, würde ich mich im richtigen Moment an einen Zugvogel klammern und in den Süden abhauen. Oder die Bude verrammeln und das Essen beim Lieferdienst bestellen, bis die Saison vorbei ist.

Als ich an der Reihe war, sagte ich freundlich meinen Wunsch, und der Metzger sagte: »Auf welchen Namen?« Ich war irritiert. »Die Bestellung ging auf welchen Namen?«, wiederholte er. Ich sagte, dass ich gar nicht bestellt habe und daraufhin brachen die komplette Belegschaft der Metzgerei sowie die Kunden und das Wildschwein an der Wand in hysterisches Gelächter aus. Reh? Am 23. Dezember? Illusorisch, abstrus, lächerlich. Ich versuchte es noch bei der anderen Metzgerei, aber die hatten bloß noch einen Fasan. Und der sah aus wie Bill Kaulitz nach dem Duschen.

Also ging ich nach Hause und erwog, entweder am 1. Weihnachtsfeiertag Pizza zu machen oder doch Veganer zu werden. Ich finde zwar, dass Tofu schmeckt wie ungesalzener Bierdeckel, aber er wird deswegen wenigstens nicht knapp. Dann begegnete ich meinem Nachbarn Olav. Ich erzählte ihm von meiner Niederlage, und er sagte, er habe noch zwei Kilo Hirschgulasch im Tiefkühlschrank. Die könne ich haben. Und das gibt es jetzt. Ich verkaufe es einfach als Reh. Die meisten Deutschen können ein Hirschkalb und ein Reh ohnehin nicht voneinander unterscheiden. Sie denken immer, Bambi sei ein Reh. Im Disney-Film sieht man aber ein Weißwedelhirsch-Kalb. Mir ist es egal, der Wein passt zu beidem. Frohe Weihnachten!

EIN BINDER FÜR DEN HÄNGER

Wie viele andere hatte ich große Schwierigkeiten, mich an diese Maske zu gewöhnen. Am allerersten Tag der Maskenpflicht war ich zufällig in Berlin. Ich gehe mit Maske über die Friedrichstraße, und die entgegenkommenden Leute auf dem Gehweg weichen mir erschreckt aus. Es ist, als würde Moses das Meer teilen. Ich bin erst verwundert, aber dann fällt mir ein, dass ich zehn Minuten vorher in einer Bäckerei ein Stück Kirschstreusel gekauft habe. Ich habe gierig hineinbeißen wollen, aber vergessen die Maske abzusetzen, sodass ich mir den Kirschkuchen zunächst gegen die Maske rammte. Später auf der Straße sehe ich dann halt aus, als würde ich Blut husten.

Kurz darauf werden alle Reisen abgesagt, und ich mache, was alle Deutschen machen: Ich räume auf, sortiere, beschrifte und miste aus. Schließlich stehe ich vor meinem Kleiderschrank und denke:

Was mache ich bloß mit den ganzen Krawatten?

Ich brauche sie nicht mehr. Das letzte Mal, dass ich einen Schlips getragen habe, ist etwa vier Jahre her. Es war bei einem offiziellen Anlass, der ungefähr eine Stunde dauerte. Danach riss ich mir das Ding vom Hals, warf es auf den Beifahrersitz und war froh, es los zu sein.

Dabei habe ich in früheren Zeiten ganz gerne Krawatten angehabt, und ich besitze sehr schöne und einige teure Exemplare. Wenn ich abends nach Hause kam, hing sie mir meistens bereits gelockert vor der Brust. Und wenn ich Glück hatte, war Nick noch wach. Er war damals ungefähr sechs Jahre alt, so lange ist das her. Ich setzte mich auf seinen Bettrand, las ihm etwas vor oder erzählte ihm eine Geschichte, und er spielte mit meiner Krawatte herum. Aber dann machte ich mich irgendwann selbstständig und trug seitdem vielleicht fünfmal einen Schlips. Es ergibt sich einfach nicht mehr, doch ich besitze noch gut zwei Dutzend Binder, die in meinem Kleiderschrank herumhängen wie unsortierte Jugendliche vor der Teestube der evangelischen Kirche.

Eine nicht so blöde Regel besagt, dass alles, was man zwei Jahre lang nicht mehr in die Hand genommen hat, eigentlich wegkann. Diese Vorgehensweise bringt die deutsche Ehe als Institution schwer in Gefahr. Und sie nimmt keine Rücksicht auf die emotionale Bindung des Menschen zu seinen Dingen. Ich bin in diesem Punkt nicht übertrieben sentimental. Ich hänge an ein paar Büchern, Bildern, Möbeln und Schallplatten, aber ich würde keine kaputte Pfeffermühle aufheben, weil Erinnerungen daran hängen. Wenn etwas im Eimer ist, dann wird es ersetzt. Und wenn Dinge nicht mehr dringend gebraucht werden, dann kann man sich von ihnen trennen. Zum Beispiel habe ich kürzlich alles entsorgt, was man zum Brennen von CDs brauchen kann. Ich besitze schon lange keinen Rechner mehr, in den man eine CD schieben könnte, also brauche ich auch keine Rohlinge, Etiketten und Hüllen.

Es war ein seltsames Gefühl, eine Art innerliche Amputation, denn ich habe in meinem Leben wirklich massenhaft Kassetten bespielt und auch viele CDs. Es dauerte ganze Abende, sie aufzunehmen und zu beschriften. Heute kann man einfach in Minuten eine Spotify-Liste herstellen und überall abspielen. Nichts daran ist besser oder schlechter, ich bin kein Nostalgiker, und mit der Entsorgung des CD-Krempels ist eine Schublade frei geworden. Gut so. Ähnlich verfahre ich mit Kochbüchern, deren Zeit abgelaufen ist.

Während ich nun vor dem Kleiderschrank stehe und darüber nachdenke, was ich mit diesen Krawatten anfangen soll, taucht Nick hinter mir auf. Er ist immer da, wenn ich etwas aussortieren will. Steht plötzlich hinter mir wie ein Erdmännchen und lauert auf Beute.

Vor einiger Zeit habe ich Schnaps weggeschmissen. Man bekommt ja im Laufe der Zeit viel geschenkt, ohne es jemals zu trinken. Zum Beispiel eine Pulle Obstbrand mit einer ganzen echten Birne drin. Das sieht magisch aus, aber ich trinke es eben nicht. Als ich die Birnen-Buddel nach zwanzig Jahren und vier Umzügen endlich in den Müll werfen wollte, nahm sie mir mein Erdmännchen weg und bezeichnete sie als Kostbarkeit, welche zu würdigen ich offenbar zu alt sei. Er und seine Freunde würden diese Birne in einer Art ritueller Handlung verspeisen wollen. Später teilte er mir mit, die Birne habe geschmeckt wie feuchter Fuzzi, und ich sei ein ziemlich komischer Vogel, weil ich so etwas jahrzehntelang zu Hause aufbewahrte.

Er hat auch schon alte Swatch-Uhren mit kaputten Batterien aufgetragen. Und nun steht er vor meinen Krawatten und ist betört. Vintage-Style sei das, jubelt er. Ich muss ihm dann zeigen, wie man einen einfachen Knoten bindet. Ich bin nie dar-über hinausgekommen, schon der Windsor-Kno-ten bringt mich zur Verzweiflung. Und auch jetzt muss ich üben, das dicke Ende wird immer zu kurz. Schließlich funktioniert es und für einen Augen-blick werde ich ganz weich, denn mein Vater hat mir auch vor 40 Jahren gezeigt, wie man eine Kra-watte bindet.

Damals war es ein Einführungsritual. Heute ist es bloß Spaß. Nick ist begeistert und verabschie-det sich auf eine Party. Wahrscheinlich schlafe ich längst, wenn er nach Hause kommt. Er könnte sich sonst auf meinen Bettrand setzen und mir eine Geschichte erzählen.

NEUES VON DER ARTENVIELFALT

Die Zeiten sind schwer, die Zeiten sind unübersichtlich und gute Nachrichten rar. Man muss schon länger suchen, um Erbauliches in der aktuellen Lage zu entdecken. Dann fördert man aber doch allerhand Good News zutage, nämlich zum Thema Artenvielfalt. Zwar sterben jedes Jahr viele Tiere und Pflanzen aus und verschwinden wegen menschlicher Dummheit für immer vom Planeten, aber: Es kommen auch immer wieder neue hinzu. Von denen wird meiner Meinung nach viel zu wenig gesprochen.

Zum Beispiel haben Forscher der *California Academy of Sciences* im vergangenen Jahr siebzig neue Spezies katalogisiert, und zwar vierzehn Käfer, zwölf Meeresschnecken, neun Ameisen, sieben Fische, sechs Skorpione, fünf Seesterne, fünf Blütenpflanzen, vier Haie, drei Spinnen, zwei Seefedern, ein Moos, ein Seepferdchen sowie einen Schleichenlurch.

Und bei uns? Gibt es da auch brisante Nachrichten zu vermelden? Aber ja! Und zwar aus Würzburg, einem Hotspot der Pilzpopulation. Hier ist artentechnisch richtiggehend Kirmes: Aus dem Totholz des Pilzschutzgebietes im Landkreis Würzburg vermelden Pilzforscher soeben den Fund des ungenießbaren Kleinsporigen Fasertintlings, unter Aficionados auch als Kleine Hasenpfote bekannt. Dieser Pilz ist zwar keine gänzlich neue Entdeckung, wohnte aber bisher nicht in Bayern. Dasselbe gilt für den Bunten Glöckchennabeling, welcher nach Auskunft des Vereins Pilzfreunde Mainfranken bisher nur einmal, und zwar 1954, in Augsburg auftauchte.

Wir haben einfach eine seltsame Beziehung zu Tieren. Dieser Befund kam mir neulich gleich zweimal innerhalb weniger Stunden in den Sinn. Zunächst wunderte sich der vierjährige Oskar aus dem Nebenhaus darüber, dass der Hund unserer Nachbarn gar nicht sprechen kann. Oskar kennt aus seiner Mediennutzung praktisch nur sprechende Tiere. Die weitgehende Disneysierung unserer Gesellschaft verhindert bei ihm die dringend nötige Einsicht in den Unterschied zwischen Wesen mit und Geschöpfen ohne Bewusstsein. Der ist aber wichtig, weil er unsere Verantwortung gegenüber der Natur definiert. Nur wir Menschen wissen, dass wir alle Lebewesen schützen müssen. Der Mops von nebenan weiß nur, dass er Hunger hat.

Und wenig später hörte ich dann im Fernsehen eine deutsche Olympionikin über ihr Pferd reden. Man konnte meinen, zwei Menschen hätten gemeinsam eine Medaille gewonnen. »Mandy ist eine absolute Kämpferin. Das hat sie die ganze Woche gezeigt«, sagte die Reiterin und fügte hinzu: »Ich glaube, sie wusste, worauf es heute ankommt.« Äh. Wer jetzt? Mandy! Mandy ist das Pferd. Und das Pferd wusste, dass es bei den Olympischen Spielen mitmacht? Und dass es im Finale ist? Und dass es da keinen Fehler machen darf? Echt jetzt?

Diese merkwürdige Haltung gegenüber den Tieren erhält eine besondere Ambivalenz dadurch, dass wir uns einerseits brüsten, eine enge Verbindung zu den Tieren zu haben, aber andererseits die Massentierhaltung und das industrielle Töten unserer angeblichen Freunde ohne Weiteres zulassen.

Aber zurück zu den neuen Spezies. Mir rauben diese Neuigkeiten aus der internationalen Flora und Fauna nur deshalb nicht den Atem, weil ich als Forscher mit eigenen Entdeckungen durchaus

Schritt halten kann. Ich bin schon lange mit der Beobachtung, Aufzucht und Hege einer besonderen Spezies beschäftigt, und gerade ist mir die Klassifizierung einer neuen Art geglückt.

Sie begegnete mir in Form eines männlichen Exemplars, und das schon ziemlich oft. Sein Habitat befindet sich am anderen Ende der Wohnung. Es sieht ungefähr so aus wie ein Mensch in Unterhose und Hoodie. Bei näherem Hinsehen handelt es sich um ein nahezu ausgewachsenes Exemplar eines Pubertiers mit leichtem Oberlippenbart und einer faszinierenden Vorliebe für eine Mangelernährung aus Eistee und Toast mit Pflaumenmus. Ich habe erst erwogen, diese bedingt genießbare Pubertier-Unterart Große Hasenpfote zu nennen, schwanke aber jetzt zwischen Schlurfender Murmling und Murmelnder Schlurfer. Das ist noch nicht entschieden.

Der Murmelnde Schlurfer (oder Schlurfende Murmling) sollte aber nicht unterschätzt werden, denn tatsächlich ist er ein recht feinsinniger Geselle, wenn es drauf ankommt. Zum Beispiel hat er vorhin mit dem ersten Bissen erkannt, dass etwas an der Pastasoße fehlte, nämlich Sternanis. Momentan habe ich keinen, und ich bin sicher, der

Sternanis-Mangel ist ein in der Bevölkerung sehr verbreitetes Problem. Den Sternanis benötige ich für meine berühmte Tomatensoße, welche ich ungefähr zweimal im Jahr zubereite. Heute sollte es wieder so weit sein, ich zog die Schublade auf, und was war nicht da? Sternanis. Dafür besitze ich mysteriöserweise vier Dosen gemahlenen Piment. Und das, wo ich nicht einmal weiß, was Piment überhaupt ist.

Vermutlich kommt das Wort »Piment« in Rezepten vor, die ich nachgekocht habe. Es wird immer mal eine Messerspitze davon benötigt. Und wenn ich das lese und für die Zubereitung des Rezeptes einkaufe, erwerbe ich offenbar jedes Mal aufs Neue Piment. Ich könnte vorher nachsehen, ob ich noch welches habe, aber der Nelkenpfeffer brennt sich offenbar nicht ein in meinem Gemüt. Und so besitze ich nun ungefähr 12 000 Messerspitzen Piment und nicht ein einziges holziges Stücklein Sternanis. Man kann es nicht durch Piment ersetzen. Der schlurfende Murmling (oder murmelnde Schlurfer) bemerkte dies sofort.

Es existiert nach meiner Beobachtung übrigens ein riesiger Unterschied zwischen Piment und dem Tier des Jahres. Während Piment nämlich zumindest in meiner Gewürzschublade absurd häufig vorkommt, ist der Gartenschläfer überaus selten. Zusammengefasst kann man sagen, dass der Gartenschläfer sehr hübsch ist, außerdem ist er entfernt mit dem Siebenschläfer verwandt und gilt als bedrohte Tierart. Dieses Schicksal hat er wiederum mit der Zwergohreule gemein, die so unfassbar selten ist, dass sie bis vor Kurzem noch völlig unbekannt war. Otus bikegila, wie die Zwergohreule auf Lateinisch heißt, lebt ausschließlich auf einer Insel im Golf von Guinea. Sie besiedelt eine Fläche von nur etwa fünfzehn Quadratkilometern im Dschungel und war dort bislang weitgehend sicher vor Fressfeinden und Tierfilmern.

Nun wurde sie also entdeckt, klassifiziert und augenblicklich auf die Liste der bedrohten Tierarten gesetzt, weil bereits ein örtlicher Sturm ausreichen könnte, um die gesamte Population auszulöschen. Global betrachtet gibt es die Zwergohreule fast gar nicht. Sie ist für die Welt, was der Sternanis für mich ist, nämlich quasi nicht vorrätig.

MAUER DES SCHWEIGENS

Der Unterschied zwischen Tier und Mensch mag phänotypisch groß sein, zum Beispiel bestehen äußerlich kaum Ähnlichkeiten zwischen mir und einem Fischotter. Aber im Wesen sind wir Erdenbewohner – egal, ob wir auf zwei Beinen oder vier unterwegs sind oder mit Kiemen oder Flügeln – uns doch näher, als man gemeinhin glaubt. Was uns eint, ist nämlich die Vorliebe für feste Gewohnheiten. Vermutlich hat selbst eine Stubenfliege bevorzugte Flugrouten. Von manchen Raubtieren weiß man, dass sie gerne täglich zur selben Zeit speisen und natürlich haben Katzen und Hunde Lieblingsplätze, manche Tiere haben auch Leibspeisen. Ich halte es für vorstellbar, dass Löwenbabys vor Freude quieken, wenn Vati abends ein halbes Gnu anschleppt. Das ist ungefähr so, wie wenn ich zwei Tüten Pommes mitbringe. Dann kommt Nick aus seinem Zimmer und lobt mich. Anschließend sitzen wir gemeinsam am

Esstisch, zerlegen die Beute, und dann wird mit mir gemeckert.

Ich bin häufig das Ziel von Kritik. Und zwar genau wegen meiner Neigung zu festen Betriebsabläufen. Ja, ich habe Reihenfolgen. Ich ziehe erst die Socken an, dann die Hose. Nick hingegen zieht erst das linke Hosenbein an, dann die rechte Socke, dann das rechte Hosenbein, dann die linke Socke. Er bezeichnet diesen umständlichen und albernen Vorgang als Akt der dringend notwendigen Abgrenzung von meinem Genpool.

Dazu gehört auch eine gewisse Verschwiegenheit gegenüber seinem Vater. Nick findet, er müsse mir gar nichts erzählen aus seinem Leben. Alles sei privat. Er sei nicht zur Auskunft verpflichtet und ich solle das einsehen. Dabei habe ich ihn nur gefragt, wie sein Samstag so war. Ich bin neugierig, das gebe ich zu. Ich möchte so gern alles wissen, was sie treiben. Wo sie essen, wen sie treffen, was sie trinken, wie sie feiern, worüber sie lachen, was sie hören. Ich brauche das, um mich daran zu erinnern, wie es bei mir war, und um es zu vergleichen. Aber Nick will nicht darüber sprechen.

Damit muss ich mich wohl abfinden. Für mich ist das ein großer Schritt in unserer Beziehung, schließlich besaß er früher überhaupt kein Privatleben, zum Beispiel, wenn ich ihn gewickelt habe. Oder wenn ich hervorragend über seine Affären Bescheid wusste, weil die Kindergärtnerin mich ununterbrochen deswegen anrief. Von ihr erfuhr ich, wie er mit fünf Jahren das Verhältnis zu Maxine beendete und ein neues mit Lena begann. Die Intimsphäre meines Sohnes war ein offenes Buch für mich.

Natürlich änderte sich das mit der Zeit. Die Kinder brauchen ihre Geheimnisse und es ist wirklich besser, wenn man nicht alles weiß, weil man sonst die ganze Zeit wie ein geköpftes Huhn durch die Wohnung flattern und »Ogottogott« rufen würde.

Und dann, beim Abendessen, hat er doch Lust, mir von sich zu berichten, und erzählt von einem kleinen Fauxpas, der ihm am Vorabend bei einer jungen Amerikanerin unterlaufen ist.

Sie kamen im Biergarten ins Gespräch und das Anbandeln verlief vielversprechend, bis Nick der Dame nach dem zweiten Glas mitteilte, dass ihm ein bad pickle wehtue. Sie rückte daraufhin von ihm ab und verschwand bald darauf, was er sich nicht erklären konnte, bis ihm ein Freund mit Englisch

Leistungskurs klarmachte, dass er *literally* zu der Dame gesagt hatte, dass ihn ein böses eingelegtes Gürkchen schmerze. Da würde ich als Frau auch abhauen.

Was Franziska angeht, hat er seinen Kummer dann doch recht schnell überwunden. Die Sache mit der amerikanischen Studentin hat ihn auch nicht lange betrübt. »Ich habe dann noch eine Mikrobiologin kennengelernt«, sagt er und wischt seinen Mund ab.

»Und? Was ist mit der?«

»Die war größer als ich dachte.« Mein Sohn lacht sich kaputt und haut ab in sein Zimmer.

VERRÜCKTE VERBRAUCHERPHOBIEN

Vorgestern hat mein Festnetztelefon schon wieder geklingelt. Es ist das dritte Mal in vier Jahren, und ich bin sehr aufgeregt, als ich drangehe. Es ruft eine Firma aus Hamburg an und behauptet hartnäckig, mit mir einen Termin vereinbart zu haben. Im Rahmen einer Serviceoffensive wolle man mir reizvolle Sparpotenziale bei meinem Materialmanagement aufzeigen. Zwar bin ich überrascht, aber wenn die sagen, dass ich einen Termin habe, dann nehme ich den auch wahr. Der Mann redet schnell und gibt sich derart zugewandt und proaktiv, dass ich zunächst ganz begeistert bin und gar nicht dazu komme, ihm zu sagen, dass er sich verwählt hat.

Er weist mich mehrfach darauf hin, dass mein Unternehmen seine Möglichkeiten nicht voll ausschöpfe und beispielsweise mit der Bestellung von 80 Packungen Toner für die Farbdrucker sowie 5 000 Einheiten Kopierpapier einen vierstelligen

Betrag einsparen könne. Mindestens. Er habe das mal durchgerechnet, sagt er atemlos.

Nachdem ich dargelegt habe, dass der Bedarf an Toner und Papier bei mir weitgehend gedeckt ist, weil ich erst vorletztes Jahr je eine Einheit erworben habe, bietet er mir Stempelkissen und Radiergummis zu sehr guten Konditionen an und erläutert, dass man Büroklammern auch im Abo bestellen könne. Auf diese Weise gerate man quasi niemals in eine Verdrossenheit, die sich aus dem Mangel an Klammern ergeben könne. Er verwendet in diesem Zusammenhang den hübschen Begriff »Verbrauchs-Verbitterung«. Er sagt das auf eine Weise, als handele es sich um einen Fachbegriff aus der Psychologie, dabei hat er ihn vermutlich erfunden, denn die »Verbrauchs-Verbitterung« ist als seelische Deformation im Internet nicht auffindbar.

Aber das Wort gefällt mir. Ich mag es, wenn das Auf und Ab der Seele in hübsche Pathologiebegriffe gekleidet wird. Manchmal denke ich mir welche aus, um mir mein Leben zu versüßen. Zum Beispiel habe ich die Frischkäse-Phobie erfunden. Es leiden sehr viele Menschen darunter, wie ich durch eine Umfrage im Freundeskreis ermittelt habe. Der Begriff bezeichnet meine Angewohnheit,

eine Packung Philadelphia zu kaufen, mir ein Brot damit zu schmieren, den Philadelphia in den Kühlschrank zu stellen und ihn dann nie wieder rauszuholen, geschweige denn den Deckel zu öffnen. Es könnte nämlich sein, dass der Inhalt inzwischen verschimmelt ist. Man kann das Zeug natürlich auch einfach rasch verbrauchen, doch dafür müsste man es öffnen. Um dann festzustellen, dass es ungenießbar ist. Diese Enttäuschung lässt sich nur vermeiden, indem der Frischkäse für immer unangetastet im Kühlschrank bleibt, oder zumindest so lange, bis sein Deckel sich von selbst hebt. In meinem Bekanntenkreis kennt man Varianten dieser Angst, zum Beispiel die Bresso-Beklemmung, die Marmeladen-Mulmigkeit, den Brot-Bammel und das Hummus-Herzklopfen.

Dennoch kaufe ich jede Woche aufs Neue Lebensmittel ein, weil ich das so gewohnt bin. Was die Bevorratung mit Büromaterial angeht, bin ich hingegen schwer zu motivieren, weil ich so wenig verbrauche, dass nichts schlecht wird, mit Ausnahme der 300 Briefumschläge, die ich vor neun Jahren in einem Anfall von Großmannssucht kaufte und deren Gummierungen mit der Zeit braun und unklebrig geworden sind. Ich verschließe jeden

Brief mit Tesafilm, von dem ich noch mehrere hundert Meter auf Lager habe.

Am Ende lehne ich alle Angebote des jungen Mannes ab, weil ich keine Filzschreiberminen und auch keine Klarsichtfolien mit A4-Lochung brauche. Ich bleibe bockbeinig, denn ich verwende seit Jahrzehnten dieselben 20 Klarsichthüllen. Sie sind inzwischen blind, was mir gut gefällt, denn ich will gar nicht sehen, was ich in ihnen eingesargt habe. Einigermaßen entmutigt sagt der Mann: »Machen wir es doch mal andersrum. Was brauchen Sie denn regelmäßig für Ihr Unternehmen?« und ich antworte: »Gute Ideen und Kaffee.« Darauf lebt er hörbar auf und ruft: »Kaffee haben wir!« Dann bietet er mir ein Abo an: zehn Kilo Espresso pro Woche für 860 Euro im Monat. Das seien bloß 21,50 Euro statt 24 Euro pro Kilo.

Ich sage ihm, dass ich die Angelegenheit mit meiner Einkaufsabteilung bespreche und dann wieder auf ihn zukomme. Was natürlich niemals geschehen wird. Es gibt dafür ein Wort: Angebots-Ghosting. Viele Außendienstler leiden sehr darunter.

DER KAUF DES JAHRES

Ich bin also nur noch sehr schwer von Anschaffungen zu überzeugen. Doch vor drei Tagen ist es geschehen. Ich habe mir etwas gekauft und ich hätte es schon vor Jahren, vor Jahrzehnten tun sollen. Es ist so wundervoll, so grauenerregend praktisch und so hübsch, dass ich mich kaum beruhigen kann. Ich neige überhaupt nicht dazu, Dingen Namen zu geben, aber hier machte ich vor lauter Aufregung eine Ausnahme: Gisbert. So heißt mein neuer Aktenvernichter.

Ich kaufte ihn, weil die Nachbarskinder fröhlich in der Altpapiertonne standen und mit meinen Kontoauszügen herumwarfen. Ich habe mir darüber nie Gedanken gemacht, ich habe einfach mein Papier dort entsorgt. Und das ist nicht wenig. Plötzlich lief ich rot an. Was ist, wenn diese Kinder nicht nur Kontoauszüge von 2017 aus dem Container zupfen, sondern meine geschäftliche Korrespondenz mit nach Hause nehmen, um sie ihrem Vater beim Abendessen vorzulegen? Und was ist, wenn irgendwo in einer Halle Facharbeiter auf einem Berg von Papier stehen und sich gegenseitig gescheiterte Lyrik aus meiner Produktion vorlesen? Oder verworfene Seiten von nicht geschriebenen Romanen. Oder hilflose Briefprosa, in welcher ich eine Frau von mir zu überzeugen versuche.

Martin Walser hat sein Vermächtnis dem Literaturarchiv in Marbach überlassen, meines hingegen landete über Jahre und Jahrzehnte im öffentlichen Altpapier. Was für ein Wahnsinn. Ich sammelte meine Kontoauszüge auf (offenbar war ich im Mai 2017 in Frankfurt und habe dort in einem guten Hotel übernachtet) und fuhr in die Stadt, um einen Aktenvernichter zu erwerben. Ich entschied mich für ein schwarzes Ungeheuer, welches bis zu zehn Blätter gleichzeitig essen kann und außerdem Kreditkarten und sogar CDs.

Nachdem ich Gisbert in die Wohnung gebracht und angeschlossen hatte, schaltete ich ihn ein und fütterte ihn mit den alten Kontoauszügen, die er mit einem unglaublich schönen Knuspergeräusch vertilgte. Er spürt, wenn man ihm etwas in den Schlitz schiebt, und beginnt sofort, es zu schreddern. Das macht Spaß, und es hat eine besondere psychologische Note. Gisbert ist wirklich das Ende der Dinge. Man kann seine Angelegenheiten auch abheften und in Aktenordnern ins Regal stellen. Die meisten Papiere darin werden nie wieder hervorgeholt. Und doch leben sie, sie sind da. Ein Vorgang, der in Gisberts Maul landet, ist hingegen unwiderruflich erledigt. Das ist sehr befriedigend. Ich steigerte mich in eine Art Schredderwahn und fing an, alles zu vernichten, was mir nicht wirklich dringlich erschien. Zwischendurch entleerte ich die Schnipsel im Hof in den Container. Gut möglich, dass der am Dienstag nur mit meinem geheimnisvollen Schredderpapier gefüllt ist.

Nach sieben Stunden unermüdlichen Reißens und Mampfens machte Gisbert ein Geräusch, das etwa so klang wie ein enttäuschtes »ach herrje«, dann drang grauer Qualm aus der Ritze, und mit einem letzten kurzen Raspeln stellte er den Dienst ein. Leider weiß ich nicht, was er hat. Ich wollte in der Bedienungsanleitung nachsehen. Aber die hatte ich an ihn verfüttert. Die Rechnung auch. Man kann ihn deshalb nicht umtauschen. Aber das ist egal. Bis morgen hat er sich bestimmt wieder erholt. Und ich werde dann einfach zukünftig von allem, was ich in ihm zerschreddere, vorher sicherheitshalber eine Kopie machen.

STAPELN ODER SCHLACHTEN

Nick fehlt es im Prinzip an nichts, höchstens an einer zwingenden Vorstellung davon, was er nach der Schule mit sich anfangen will. Das macht mich manchmal etwas nervös, scheint aber normal zu sein. In anderen Familien ist das auch so. Nicks Karrierepläne beruhen meistens auf abstrusen aber sehr lustigen Start-up-Plänen. Neulich spazierten wir zu unserer Lieblingspizzeria. Nick schilderte mir auf dem Weg seine neue Geschäftsidee. Diese besteht darin, dass er gegen Geld uncoole Leute in der Öffentlichkeit begleitet, damit etwas von seinem Glanz auf sie abfärbt. Ich glaube, er kam wegen mir an seiner Seite darauf. Egal.

Dann erzählte er von seinem Ferienjob. Er hatte an der Hochschule für Musik ausgeholfen und dabei die Wahl gehabt zwischen »Türen des Konzertsaals öffnen und schließen« oder aber »Stühle tragen und stapeln«.

Er landete bei den Türen, was sich als sehr langweilig erwies, weil zwischen dem Schließen und dem Öffnen ein Symphoniekonzert stattfand, das zu laut gewesen sei, um dabei zu schlafen. Die Stühle wären ihm lieber gewesen, denn das Stapeln liege ihm im Blut. Aber dafür sei er zu spät zur Arbeit gekommen. Es ist noch nicht raus, ob ihm sein Stapeltalent weiterhilft, denn bald muss er entscheiden, was er im Leben so machen will. Im Moment beantwortet er die Frage nach der Zukunft jenseits des Abiturs mit dem Dreisatz »Chillen, Feiern, Ausruhen«, wobei mir der Unterschied zwischen »Chillen« und »Ausruhen« noch nicht ganz klar ist. Auf jeden Fall geht seine Planung nicht viel weiter als bis Juli 2023. Und das, wo sich gerade so viele Möglichkeiten ergeben.

Man könnte zum Beispiel eine handwerkliche Ausbildung anstreben. Sehr gefragt sind momentan Elektriker sowie Heizungs- und Klimatechniker. Früher als Gaswasserscheiße-Willi diffamiert, befindet sich der Anlagenmechaniker für Sanitär-, Heizungs- und Klimatechnik zurzeit in einer Art göttlichem Status. Gut, wer einen kennt, noch besser, wer einen heiratet. Letzteres verkürzt die Wartezeit auf eine Wärmepumpe um mindestens acht Wochen! Aber Nick ist dafür nicht sehr empfänglich. Man muss dafür früh aufstehen. Noch schlimmer: Man muss dafür aufstehen.

Was aktuell in der sozialen Rangordnung der Klimatechniker ist, war früher der Metzger. Er fuhr einen goldenen Mercedes, denn die Deutschen verzehrten hauptsächlich Fleisch und Wurst. Doch inzwischen mangelt es an Nachwuchs, und zwar vor allem bei den Fleischkonsumenten. Die üppige Schlachtplatte ist vielerorts ein reines Seniorenvergnügen geworden, gleiches gilt für Schweinskopfsülze und Blutwurst. Und weil junge Leute das nicht mehr essen, wollen sie es auch nicht mehr herstellen. Eigentlich logisch.

Um eine Schubumkehr bei diesem Trend in Gang zu bringen, könnten Vorbilder helfen. Und an Galionsfiguren ist im deutschen Metzgereiwesen kein Mangel. Gerade sind aus dem fleischverarbeitenden Bereich regelrechte Heldentaten zu vermelden. Beispielhaftes Wirken mit Brät und Gewürzen, stolze Siege der deutschen Fleischerkunst im fernen Ausland.

Jürgen Reck aus Möhrendorf in Mittelfranken hat bereits im vergangenen Juli zum dritten Mal die Europameisterschaft errungen – und obsiegte wenig später in Sacramento, Kalifornien, als Mitglied der deutschen Metzger-Equipe auch bei der Weltmeisterschaft.

Dreizehn Nationalteams hatten dabei innerhalb von dreieinhalb Stunden einhundert fertige Produkte aus einem halben Rind, einem halben Schwein, einem Lamm sowie nicht weniger als sechs Hühnern herzustellen. Die deutsche Mannschaft überzeugte die Jury unter anderem mit einem perfekten Leberkäs sowie bayerischen Weißwürsten, wie sie die Welt zuvor noch nie verkostet hat. Jedenfalls nicht in Sacramento. Die Deutschen triumphierten dann nicht nur mit dem Weltmeistertitel, sondern zudem noch in den beiden umkämpften Unterkategorien »Beste Rinderwurst« und »Beste Gourmetwurst«.

Das könnte als Ansporn dienen, allerdings hat Nick dann in der Pizzeria verkündet, dass er Wissenschaftler werden möchte. Er will sich der Erforschung des perfekten Mischverhältnisses von Wodka und Red Bull widmen, indem er die Zutaten in langen Versuchsreihen in Gläser stapelt und umrührt, um sie dann zu verkosten. Er nimmt an, dass es dafür einen Bachelor gibt.

DER ZIKADERICH HAT'S SCHWER

Die Singzikade ist das Symboltier des Urlaubs schlechthin. Wer an den Sound der Ferien im Süden denkt, egal ob in Griechenland, Spanien, der Türkei oder Italien, der denkt an die Zikade und ihr unablässiges Geschnirpe. Den ganzen Tag über. Mit bis zu 120 Dezibel. Sehr beeindruckend. Dabei ist die Zikade ein armes Würstchen. Oder besser gesagt: die männliche Zikade. Und damit geht der Ärger schon los. Es existiert nämlich keine männliche Form für die Spezies. So etwas wie Zikado. Oder Zikaderich. Und der führt über diesen zutiefst enttäuschenden Umstand hinaus auch noch ein recht deprimierendes Dasein.

Einmal geschlüpft, krabbelt die männliche Zikade am Baum hoch, sucht sich ein Plätzchen und fängt an zu singen, um eine Frau zu finden, was aber manchmal für alle Beteiligte quälend lange Monate dauert. Denn: Der Zikadenmann ist kein Augenschmaus. Das denken auch die weiblichen Zikaden und machen einen großen Bogen um die reizlosen Schnabelkerfen. Wenn ich eine Zikade wäre, würde ich auch lieber mit einem eleganten Taubenschwänzchen ausgehen als mit so einem pointenlos vor sich hin brüllenden Prolo.

Die Verzweiflung des Zikados über den fehlenden Gender-Namen, seine offensichtliche Scheußlichkeit sowie das Desinteresse der Zikaden-Damen äußert sich in bisweilen sehr ausdauernder Singerei, die er übrigens mit dem Po absolviert, was ihn auch nicht attraktiver macht. Muss man sich mal vorstellen. Der sitzt bloß rum und spielt Arschtrommel.

Das dabei entstehende Gerassel gibt vielen Touristen Anlass zur Beschwerde. Sie empfinden die Lebensaufgabe des Zikados als Ruhestörung und Zumutung und machen sich gar keine Gedanken darüber, dass der Erfolg dieses Gesanges recht gleich zum Tode des Interpreten führt. Denn nach der Paarung muss der Zikadero sterben. Drei Monate hartes Schuften mit dem Hintern, ein paar Minuten Lebensfreude und dann ist schon alles vorbei. Das Leben des Zikaderichs ist ein einziges Werben und Sterben. Urlauber stören sich besonders an der Monotonie des Gesanges. Ich finde das kleinkariert. Man muss sich bloß mal vorstellen, die Singzikade hätte mehr drauf und würde beispielsweise wochenlang »Brother Louie« singen. Wir können froh sein, dass sie sich mit einem Lied begnügt, das lediglich aus einem einzigen Ton besteht. Das kann man noch in den Alltag integrieren.

Ein Äquivalent zum Wirken des Zikaderichs stellen die Lautäußerungen unserer Politiker in den warmen Monaten dar. Auch sie betätigen eine Art Arschtrommel, nennen dies jedoch Sommerinterview. Zurzeit propagieren einige von ihnen eine Änderung des Wahlrechts, um auch an Stimmen von Sechzehn- und Siebzehnjährigen zu kommen. Das finde ich im Prinzip richtig, denn Menschen unter 18 haben in der Zukunft Probleme zu lösen, mit denen die Generation ihrer Eltern offensichtlich überfordert ist. Dann sollen sie auch mitreden dürfen.

Das Dumme ist nur: Die Wahlalternativen für Jungwähler sind rar, es sei denn man nimmt den Generationenvertrag ernst und kümmert sich gerne um alte Menschen. Davon gibt es reichlich im Bundestag. Der Altersdurchschnitt beträgt 49,4 Jahre. Die Jugendlichen werden gerade vor allem durch einen siebenundzwanzigjährigen Lobbyisten vertreten, der unter Korruptionsverdacht steht und den man schon aufgrund seines Waffenscheines als Knalltüte bezeichnen darf.

Es wäre also nur recht und billig, wenn die Jungen nicht nur wählen, sondern auch gewählt werden könnten. Theoretisch ist das möglich, man darf mit der Volljährigkeit auch Mitglied des Bundestages werden. Allerdings müsste man dann ungefähr sieben Jahre vor der eigenen Geburt in eine Partei eintreten, um sämtliche Stationen zu durchlaufen, die am Ende von einem Mandat im Parlament gekrönt werden. Vielleicht sollte man das ändern.

Nur: Wen sollen die dann wählen? Diese Frage muss jeder für sich selbst beantworten, und tatsächlich gibt es da zahlreiche Alternativen. Von den meisten ist jedoch nie die Rede, wenn man über die Parteienlandschaft spricht. Dabei sind da wirklich interessante Konzepte dabei.

Die größten Kleinen sind die Freien Wähler, die zuletzt immerhin auf fast 500 000 Kreuzchen kamen, gefolgt von Die Partei mit nur wenig weniger Stimmen und der ÖDP, die immerhin knapp 150 000 Menschen überzeugen konnte. Das sind so viele, dass man durchaus jemanden kennen kann, der die gewählt hat. Darunter wird das aber dann schon sehr unwahrscheinlich. Und noch unwahrscheinlicher ist, dass man die Bewerber kennt. Am erfolglosesten bewarb sich bei der letzten Bundestagswahl die Partei der Vernunft, die auf 533 Stimmen und 0,001 Prozent kam. Die Partei der Vernunft hatte sich nur gegründet, weil es offenbar einhundert Leser von *Focus Money* gab, die das für eine gute Idee hielten. Bis dahin war nicht einmal klar, dass *Focus Money* einhundert Leser hat. Egal.

Ebenfalls erstaunlich erfolglos trat »Die Einheit« an, eine Partei, die sich für Spätaussiedler sowie für unbegrenztes Angeln in allen Gewässern und gegen Hundekot engagierte. Auch die Sozialistische Gleichheitspartei, die Bergpartei und die Magdeburger Gartenpartei konnten nicht reüssieren, was immer auch daran liegt, dass die Programme nicht ausführlich genug sind. Von der Gartenpartei, die 2013 ursprünglich gegründet worden war, um gegen die Bebauungspläne von Kleingartenanlagen zu protestieren, sind Lösungen für die internationale Finanzpolitik kaum zu erwarten. Das Programm ist dann auch nur zwei Seiten lang. Zum

Vergleich: Das von der CDU umfasst immerhin 140 Seiten, enthält aber quasi gar keine politische Vision für Kleingartenanlagen.

Auch zur nächsten Bundestagswahl treten sicher wieder hoffnungsfrohe Wahlkämpferinnen und -kämpfer an, um die Welt durch ihre Tätigkeit ein bisschen besser zu machen. Die kleinste der Kleinen ist die europäische Partei LIEBE. Sie hat nur 53 Mitglieder und wird von einem Mathematiker geleitet, der postuliert, es handele sich bei seinen Mitstreiterinnen und Mitstreitern um Liebende, die geliebt werden wollten. Das kann man von vielen Deutschen sagen, insofern erscheint LIEBE durchaus mehrheitsfähig.

Auch das 15 Punkte umfassende Programm klingt vielversprechend. LIEBE setzt sich für den Klimaschutz ein, für Frauenrechte, für Gesundheit und gegen Arbeitslosigkeit. Mit gewissen Abstrichen kann man dasselbe für die meisten anderen Parteien sagen. Aber die formulieren das nicht so schön wie die europäische Partei LIEBE. An einer Stelle auf der Website schreibt die LIEBE, wovon sich die etablierten Parteien mit ihren stänkernden Kandidaten und Kandidatinnen etwas abschneiden können. »Liebe ist stärker als das Böse und der

Hass.« Man muss diese Partei nicht wählen, wenn man diese Ansicht teilt. Aber man kann darauf verzichten, sein Kreuz dort zu machen, wo der Hass Programm ist.

SCHUHLOS, ABER GLÜCKLICH

Nick kommt in mein Büro und fragt mich, welchen Koffer er nehmen soll. Er packt gerade, denn der Flixbus fährt in zwei Stunden. Er bringt meinen Sohn und elf Freunde nach Kroatien, wo sie ein Ferienhaus gemietet haben. Ein Dutzend Verrückte, ein Strand und viel Sonne. Es ist sein erster Urlaub ohne Eltern. Was für ein Triumph, was für eine Aufregung. Wir entscheiden uns für den etwas kleineren Koffer.

Eine Stunde später sehe ich bei ihm nach, wie es so läuft, und mein Sohn befindet sich in tiefer Verzweiflung, weil weder die Popcornmaschine noch die Karaokeanlage oder das Skateboard so richtig in den Koffer passen. Er benötigt diese Dinge dringendst und würde dafür auf Unterhosen verzichten. Am Ende bleibt der Kram zu Hause, dafür kommt eine Batterie von Düften ins Gepäck. Und eine aufblasbare riesige Brezel.

Nicks Freunde Noah, Finn und Max kommen,

um ihn abzuholen. Allesamt mit furchtbaren Sonnenbrillen und von geradezu beängstigender Reiselust. Sie trinken ein Bier auf dem Balkon und quasseln sich schon mal warm für die elfstündige Fahrt. Es gibt keine Sorgen, nur das Versprechen eines langen heißen Sommers unter Freunden. Dann hauen sie ab und sind sofort wieder da, weil Nick Geld und Ausweis vergessen hat. Als er endgültig weg ist, bin ich wahnsinnig neidisch.

Ich bin übrigens nicht besonders beunruhigt, was diesen Urlaub betrifft. Ich kann mich daran erinnern, dass ich mit neunzehn alle zwei Tage zu Hause anrufen musste, um ein Lebenszeichen zu senden. Darauf muss man heute nicht mehr bestehen, jedenfalls wenn man seinen Kindern auf Insta und TikTok folgt. Man wird dann umfassend informiert. Ausweislich der Kurzfilme, die Nick und seine Kumpels mit verschwenderischem Ehrgeiz verbreiten, machen sie dort meistens dasselbe wie die Teilnehmer von entsprechenden Realityshows im Privatfernsehen. Dort sieht man manchmal multipel tätowierte Muskelwillis und seltsam geformte junge Frauen, die sich entweder anbrüllen oder breitbeinig in der Küche stehen oder tiefsinnige Gespräche bei bunten Getränken absolvieren.

In der Regel geht es darum, dass sie einfach nur sie selbst sein wollen, während sie dabei so aussehen wie alle anderen.

Bei Nick und seinen Freunden ist die Tattoo-Dichte noch nicht so groß, auch versprühen sie bei Weitem mehr Lebensfreude als die schildkröten-artigen D-Promis bei RTL2. Die Bewohner des Hauses im kroatischen Ferienort Nin überbieten sich gegenseitig mit Pranks. So war gestern mein Sohn zu sehen, wie er versuchte, seinen Freund Finn zu erschrecken, indem er eine kleine Wasser-melone vom Balkon warf, die nur Millimeter neben dem Kopf des auf der Terrasse schlafenden Finn zerplatzte. Dieser öffnete nur müde ein Auge und pennte dann weiter. Wahrscheinlich ist er es von zu Hause gewohnt, dass es Panzerbeeren regnet, wo er sich bettet.

In einem anderen bestürzenden Kurzfilm rut-schen die Jungen über etwas, das aussieht wie Sprüh-sahne, in den Pool. Und ein wirklich beeindrucken-des Epos zeigt die Vollendung eines gigantischen Stapels aus leeren Bierbüchsen. Seit der Abschaf-fung der Wehrpflicht hat es keinen derart beein-druckenden Dosenturm mehr gegeben. Man kann sagen, dass die Herkunft der Jungen aus Akade-

mikerhaushalten keinen Schaden bei ihnen ange-
richtet hat. Damit die Gaudi weitergehen kann, er-
reichte mich gestern eine Nachricht von Nick, in
welcher er um einen Nachschuss bat. Man müsse
mal einkaufen. Mit väterlicher Emphase wies ich
darauf hin, dass ich mein Geld nicht für Alkohol
und Junk rausballern würde. Ich verlangte, dass er
die Einkaufsquittung aus dem Supermarkt vorlegte,
damit ich kontrollieren könne, ob sich die Knaben
einigermaßen gesund ernährten. Dann schickte ich
ihm einhundert Euro.

Zwei Stunden später erhielt ich ein Foto des
Kassenbeleges, garniert mit einem lachenden Emoji
und dem Hinweis, das sei alles auf Kroatisch. Übersetzt hießen die Posten Milch, Eier, Brot, Salat, Ge-
müse, Obst und natürlich Mineralwasser. Aber da
hat Mister Social Media seinen Kapitalgeber ziemlich unterschätzt. Wofür gibt es schließlich Google
Lens. Man richtet seine Handykamera auf einen
Text in fremder Sprache und schwups, wird dieser
übersetzt. Demzufolge habe ich 48 Dosen Bier der
Marke Ozujsko Pivo, diverse Knabberartikel, eine
Luftmatratze, Würstchen, Pommes, Ketchup sowie
Rasierschaum und eine Klobürste finanziert. Aber
ich war zu milde, um ihn damit zu konfrontieren.

Und außerdem wussten meine Eltern noch viel weniger, wofür ich 1986 Geld ausgegeben habe. Ich bin darüber bis heute froh.

Unerträgliche zwei Wochen später ging die Wohnungstür auf, und mein Sohn schleppte sich herein. Nach dem ersten elternlosen Urlaub lautet die Begrüßungsfrage normalerweise: »Hey! Wie war's?« Seine Erscheinung verdrängte jedoch diese naheliegende Frage, und ich stammelte: »Warum hast du nur einen Schuh an?« Das ist unromantisch, ich weiß. Aber es fiel nun einmal stärker ins Gewicht als seine gebräunte Haut und die wirr abstehenden Haare. Er trug an den Füßen einen linken schwarzen Schuh der Marke Bape mit Socke und einen rechten Flip-Flop ohne.

Dann stellte er seinen Rucksack ab und umarmte mich. »Das ist eine lange Geschichte«, sagte er und bekam einen Espresso, um sie besser erzählen zu können. Zunächst einmal sei der Urlaub spektakulär gewesen. Man habe sich rasend gut verstanden und in Kroatien stimme das Preis-Leistungs-Verhältnis, sagte er ganz ernst, und ich hatte in diesem Moment den Eindruck, mein Kind sei in der kurzen Zeit um vierzig Jahre gealtert. Ob es einen Running Gag gegeben habe, fragte ich, denn es gibt auf diesen Reisen bei Neunzehnjährigen immer einen Running Gag. Meistens geht es um etwas, was sich Außenstehenden kein bisschen erschließt.

Der Running Gag in Kroatien sei entstanden, weil Finn einmal den halben Tag den anderen vorgeworfen hatte, ihm gegenüber respektlos zu sein. Daraufhin bildete das knappe Dutzend der Gefährten eine Woche lang quasi nur noch Sätze mit »los«. Die Eier? Leider specklos. Der Strand: heute mädchenlos. Das Wetter wolkenlos und Elias kippenlos. Ich freute mich, denn ich konnte seinen Spaß nachfühlen.

Und was war jetzt mit diesem Schuh? Der Schuh wurde ihm gestohlen. Nachts am Strand. Man habe dort eine Zusammenkunft gehabt mit anderen jüngeren Menschen aus diversen Ländern, die Nick allesamt in Europa verortete, auch Kolumbien. Zwischendurch sei man ins Wasser gegangen, dafür habe Nick seine Schuhe ausgezogen. Als die Gruppe zurück an den Strand kam, war der rechte Sneaker weg. Man habe zu zwanzigst mit Handy-Taschenlampen die Gegend abgesucht. Dabei habe man einen kroatischen Fuchs entdeckt, welcher mit dem Schuh recht zügig abgedampft sei, obwohl ihm der

Schuh eindeutig zu groß war. Der Fuchs habe den Sneaker schließlich in ein Loch gezogen, offenbar um das Wohnzimmer in seinem Bau zu möblieren. Nick sei für die letzten beiden Tagen des Urlaubs somit schuhlos gewesen, weil er nur ein Paar dabeihatte.

Das sei rund ums Ferienhaus und am Strand kein Problem gewesen, jedoch habe er auf der Rückreise beim Umsteigen in Zagreb den Eindruck gewonnen, auf Außenstehende womöglich etwas seltsam zu wirken. Er habe daher ein Paar Flip-Flops erworben. Nick machte noch einmal auf das ungewöhnliche Preis-Leistungs-Verhältnis in Kroatien aufmerksam und beendete seine Ausführungen mit den Worten: »Jetzt weißt du alles.« Ich ließ die Info sacken, dann fragte ich: »Zu dem einen Flip-Flop gab es sicher noch einen zweiten, oder? Warum hast du denn nicht einfach den Schuh weggeworfen und beide Flip-Flops angezogen?« Eine Frage, die eigentlich nur ein behämmerter Erwachsener stellen kann, der nicht kapiert, wie lustig das Leben sein kann. Nick sah mich voller Mitleid an und sagte: »Erstens: Symmetrie ist die Kunst der Doofen. Und zweitens: Ich hänge verdammt nochmal an diesem Schuh. Es ist mein Lieblingsschuh. Ich kann ihn schlecht dafür bestrafen, dass sein Kollege fehlt. Oder?«

Da hat er wohl recht. Er will nächstes Jahr wieder nach Kroatien. Zweifellos.

PUSTEKUCHEN

Nick und ich leben zwar recht einvernehmlich zusammen, dennoch gehen wir uns manchmal auf den Keks. Wie in jeder Wohngemeinschaft gibt es Dinge, die wir aneinander schlecht aushalten. Zum Beispiel werde ich beim Essen öfter von Nick gemaßregelt. Früher war ich es, der ihm pro Mahlzeit 63-mal sagte, er solle die Ellbogen vom Tisch nehmen. Nun werde ich gegängelt. Und zwar, weil ich manchmal heißes Essen anpuste. Mein WG-Genosse hasst das. Wenn ich es trotzdem mache, sagt er: »Papa, du bist kein Laubbläser. Danke.« Er schimpft, das ginge auch leise. Man könne die Hitze einziehen, quasi runterschlucken, ziemlich geräuschfrei sogar. Das stimmt, aber es fühlt sich komisch an. Ich puste lieber.

Und ich meckere meinerseits an ihm herum, weil er nie, aber wirklich nie die Tür öffnet, wenn es klingelt. Nick fühlt sich damit nicht gemeint. Ich habe ein paarmal probiert, ob er selbst öffnet, wenn

ich nicht gehe, aber er hält länger durch. Das liegt daran, dass ich erstens neugierig bin wie ein Atomspion und unbedingt wissen möchte, wer klingelt. Und ich bin zweitens zu höflich, um Menschen vor der Tür warten zu lassen. Beides trifft auf Nick nicht zu. Ich mache also grundsätzlich auf, wenn er Besuch bekommt. Ich bin der freundliche Pförtner für Kumpels, fremde Mädchen, Paketboten und Lieferdienste, die ihm und seinen Freunden warme Mahlzeiten bringen, was ich an sich schon unerhört finde. Also meckere ich mit ihm und er mit mir. Nick ist eine Art Ein-Mann-Verbraucherschutz-Organisation und beklagt sich ununterbrochen. Zum Beispiel fordert er plötzlich Bananenjoghurt. Dabei habe ich gerade erst tonnenweise Kirschjoghurt rangeschafft, auf sein Geheiß natürlich. Und jetzt beklagt er sich darüber, weil er erst Kirsch vertilgen muss, bevor es Banane gibt. Er findet daher, er lebe in einer Diktatur.

Wir meckern uns also dauernd gegenseitig an. Etwas mehr Gelassenheit würde uns guttun. Also der ganzen Gesellschaft. Man muss sich nicht immer gleich aufregen und sollte sich ein Beispiel an dem US-amerikanischen Basketballspieler Kyle Hines nehmen. Dieser wurde von seinen Mitspielern bei der Bamberger Mannschaft von Brose Baskets niemals Kyle Hines genannt, sondern ausdauernd und ausschließlich Karl-Heinz. Er hat sich niemals im Internet darüber beklagt, sondern wechselte nach einer Saison Richtung Griechenland.

Ähnlich schmerzfrei in Fragen der richtigen Aussprache reagierten vor einigen Jahren kroatische Fußballfans auf den britischen Tenor Tony Henry. Und das, wo die Menschen im Allgemeinen sehr empfindlich reagieren, wenn Fremde nicht angemessen mit ihren nationalen Symbolen umgehen. Da kann man große Schwierigkeiten bekommen. Nicht so Tony Henry. Der sang bei einem Fußball-Qualifikationsspiel zwischen England und Kroatien beide Hymnen. Er vertauschte allerdings bei der kroatischen Nationalhymne einen Buchstaben. Die ursprüngliche Liedzeile »Liebling, du weißt, wie wir deine Berge lieben« verwandelte sich dadurch in den Satz »Liebling, mein Penis ist ein Berg«. Anstatt daraufhin den Sänger zu teeren und zu federn, reagierten die Kroaten vorbildlich und schlugen vor, den Sänger fortan als nationales Maskottchen zu beschäftigen.

So viel Gelassenheit würde ich uns zu Hause auch wünschen. Aber das fällt mir schwer, denn ich bin schnell beleidigt. Ich kann es nun einmal nicht ausstehen, wenn Leute verspätet zum Essen kommen. So wie Sara und Carla letzten Freitag. Ich machte ein Risotto, sie kamen eine halbe Stunde zu spät. Das tut einem Risotto nicht gut, und ich musste die beiden deshalb sofort ankäsen. Wir aßen das Risotto, ich pustete über meine Gabel und meine Tochter sagte: »Ach, das ist so ein schönes Papa-Geräusch.« Und alles war wieder gut. Wenn sie will, kann sie gerne bei mir einziehen.

ICH BIN KEINE HILFE MEHR

Am liebsten würde Nick bei seinen Lehrerinnen und Lehrern die Fenster putzen, um gute Noten zu erwirken. Dass er dies auch einfacher haben kann, indem er in der Schule mitarbeitet, stellt für ihn keine Option dar. Aber manchmal geht es nicht anders. Letzte Woche sollten sie in kleinen Gruppen ein Gemeinschaftsreferat erstellen. Nick, Carl, John und Mia trafen sich also in einer Zoom-Konferenz, um die Orga anzugehen. Sie shifteten sämtliche Ablaufpläne auf Excel, erstellten Slacks und Jams und diskutierten über Challenges und Herangehensweisen. Dabei quatschten sie nicht wild durcheinander, sondern meldeten sich jeweils im Chat, um Wortbeiträge anzukündigen. Ansonsten blieb das Mikrofon aus. Ich habe noch nie derart disziplinierte Menschen gesehen. Nachdem sie eine farbig gestaltete Mindmap mit eingebautem Timetable gebaut und sich auf diese Weise auf den neuesten Stand im Workflow gebracht hatten, war ihr kreatives Pulver verschossen. Über ihr eigentliches Thema hatten sie nach drei Tagen noch gar nicht gesprochen.

So ist Schule heute, und ich kann ihm da wirklich nicht mehr helfen. Die Zeiten, wo ich für ihn zu Elternsprechtagen gegangen bin, um dem Lehrkörper in Einzelgesprächen meinen Sohn als verkanntes Genie zu verkaufen, sind vorbei. Und was den Stoff angeht, kann ich ohnehin nicht mithalten. Ich weiß wirklich erschreckend wenig von dem, was man offenbar heute draufhaben muss.

Zum Beispiel habe ich nicht den Schimmer einer *fucking* Ahnung vom »Basic Input Output System«, abgekürzt BIOS. Es handelt sich dabei offenbar um die Schnittstelle zwischen Hardware und Software. Das BIOS startet den Rechner und verbindet die Komponenten des Computers miteinander. Es ist zuständig für den Selbsttest des Systems, initialisiert die Systemkomponenten und leitet den Boot-Vorgang ein. Zum Glück für mich sind Menschen unter uns, die sich über das Basic Input Output System ganz viele Gedanken machen.

Das meiste Wissen brauchen wir gar nicht; und falls doch wieder Zweifel an der eigenen Unzulänglichkeit aufkommen, reicht ein Blick in die Natur, und schon begreift man, dass einen zu viele Kenntnisse nicht unbedingt weiterbringen. Ein Löwe muss zum Beispiel überhaupt nicht wissen, wie man eine Kuh melkt. Es reicht, wenn er die Fähigkeit besitzt, die Kuh aufzuessen. Oder der Sperber. Neulich habe ich zufällig einen getroffen. Er saß auf der Brüstung meines Balkons und hielt einen toten Spatz in den Klauen. So ein Sperber jagt im Flug und ist in der Lage, Neunzig-Grad-Winkel zu fliegen. Man kann ihn kaum beobachten, weil er so irrsinnig schnell ist. Er muss zum Ausgleich damit leben, dass er trotzdem niemals Torschützenkönig der Fußball-Bundesliga werden wird.

So ähnlich gehen wir Menschen auch mit unserem täglichen Bedarf an Wissen um. Es ist völlig ausreichend, einen Führerschein zu besitzen, wenn man ein Auto fahren möchte. Man muss absolut nicht wissen, warum es fährt oder wie man es repariert. Das erledigen Leute, die Kfz-Mechatroniker gelernt aber womöglich keine Ahnung von der Zubereitung eines Blumenkohlrisottos haben. Die Frau, die das Rezept für dieses feine Gericht ersonnen hat, kann hingegen vielleicht Costa Rica nicht fehlerfrei auf der Weltkarte lokalisieren, und die meisten Costa Ricaner wissen zwar sehr wohl, wo sie auf der Erde leben, verstehen jedoch rein gar nichts von der Herstellung dänischen Lakritzes.

Auf diese Weise haben alle ihren Platz auf der Welt, und ich glaube, man ergänzt einander einfach. Dafür ist eine gewisse Toleranz vonnöten, ohne die dieses Prinzip in Zukunft nicht funktionieren wird. Wir werden nämlich immer mehr auf diesem Planeten. Wir müssen zusammenrücken und unsere Fähigkeiten austauschen, uns verbinden, gemeinsam arbeiten. Das Allerunwichtigste in diesem Zusammenhang ist übrigens die Hautfarbe derjenigen, die auf der Welt herumdilettieren. Sie darf einfach gar keine Rolle mehr spielen.

Wobei meine Toleranz eine Grenze kennt. Es hagelt von mir Kopfnüsse für jede und jeden, die oder der das neue Blödwort der Saison verwendet: systemisch. Liest und hört man gerade überall. Gemeint ist in nahezu einhundert Prozent aller Fälle systematisch. Systemisch ist etwas anderes, klingt aber wohl gerade geiler. Dafür gibt es von mir ein paar hinter die Ohren. Hautfarbenübergreifend. Sprache ist das Einzige, was ich kann. Dafür weiß ich nicht, was ein Proxy ist.

Und ich habe meinen Sohn, wenn ich wieder mal nicht richtig schalte. Vorhin las ich eine Bildunterschrift in der Zeitung. Da stand: »Nach Ende des 120 Tage langen Lockdowns in Neapel putzt ein Mitarbeiter die Fenster eines Restaurants in Kathmandu.«

Ich wunderte mich. Warum sollte denn ein Neapolitaner in Kathmandu Fenster putzen? Ich trug meinem Sohn den merkwürdigen Satz vor, er warf einen Blick auf die Zeitung und sagte: »Da steht nicht Neapel, sondern Nepal, Opa.« Und dann erklärte er mir, dass er sich tatsächlich vorstellen könnte, in die Politik zu gehen. Partei egal, Hauptsache tatsächlich Dienstwagen.

WANDERFALKE VERSUS WALDSCHNEPFE

Wir Menschen neigen dazu, uns von Rekorden blenden zu lassen. Wenn jemand oder etwas ganz besonders schnell, groß, schwer oder teuer ist, macht das enormen Eindruck auf uns. Ich nehme mich da nicht aus. Vorhin zum Beispiel sah ich einem Wanderfalken zu. Er gilt als schnellster Vogel der Welt und erreicht im Sturzflug laut Wikipedia 320 Kilometer pro Stunde. Er rast Richtung Boden und überrascht damit kleinere Vögel im Geradeausflug, die gerade vom Friseur kommen und an nichts Böses denken. Und zack, sind sie hin.

Natürlich sieht das beeindruckend aus. Gleichzeitig hat das aber auch etwas leicht Unangenehmes. Wahrscheinlich würden 250 km/h zum Überraschen auch reichen. Aber nein, es müssen über 300 sein, es gibt angeblich sogar Messungen eines 400 Kilometer pro Stunde schnellen Falken. Und warum macht der das?

Weil er natürlich weiß, dass alle zugucken. Viele

der von ihm bedrohten Vögel halten dauernd nach ihm Ausschau. Tauben zum Beispiel. Ihre seitlich am Kopf angebrachten Augen ermöglichen es ihnen, gleichzeitig darauf zu achten, dass sie beim Kacken mein Auto treffen und den Himmel über ihnen nach Falken abzusuchen. Aber auch Menschen mit Ferngläsern sehen sich die stürzenden Raubvögel an sowie Katzen, die sich freuen, weil sie nicht in ihr Beuteschema passen. Der Wanderfalke genießt die Aufmerksamkeit und findet sich super. Eigentlich ein ziemlicher Arsch. Angeber-Vogel. Flug-Poser.

Vielleicht sollten wir, wenn sich diese Rekord-Heinis aufdrängen, immer reflexhaft ans andere Ende der Skala blicken, also in diesem Falle auf den langsamsten Vogel der Welt. Es handelt sich dabei um die plumpe, aber grundsympathische amerikanische Waldschnepfe. Sie hat kurze Beine und mag Regenwürmer, weswegen sie zur Jagd nicht aufsteigen muss. Sie fliegt prinzipiell ungern, macht sich aber dann und wann die Mühe und setzt zum Balzflug an, bei dem sie einen Top-Speed von drei Kilometern pro Stunde erreichen kann. Bei jedem Flügelschlag denkt die amerikanische Waldschnepfe: »Mein Gott, ist der Quatsch anstrengend. Wäre ich mal zu Hause geblieben. Warum kann ich nicht ein normales Single-Leben führen? Und überhaupt: Warum bin ich kein Kaninchen? Die sind süß und keiner erwartet von ihnen, dass sie durch die Gegend fliegen und balzen. Mein Gott, ist der Quatsch anstrengend.«

Die Waldschnepfe meckert und fliegt dabei so langsam, dass sie von einem deutschen Rentner mit Rollator spielend überholt werden kann. Ich finde das mindestens so eindrucksvoll wie diesen Aggro-Falken. Das leistungsverweigernde Tempo der Schnepfe erinnert mich an die Versuche von mir und meinen Freunden, den zeitnehmenden Lehrer bei den Bundesjugendspielen 1984 zur Raserei zu bringen, indem wir die achthundert Meter so langsam wie möglich absolvierten. Der konnte nämlich erst nach Hause, nachdem alle die Ziellinie überquert hatten. Und das dauerte in meinem Fall eine Stunde und acht Minuten.

Jedenfalls ist mir die Schnepfe näher als der Falke, wenn auch nicht in allen Lebenslagen. Die Bundesdruckerei stellt sich zum Beispiel gerade als Waldschnepfen-Habitat heraus. Ich warte seit bald zwei Monaten auf meinen neuen Führerschein. Mein alter ist nicht mehr lesbar. Er besteht aus grauer Leberwurstpelle und einem Foto, welches mich zeigt, wenige Augenblicke nachdem ich von der großen Streuselkuchenkanone beschossen worden bin.

Momentan warte ich darauf, dass die Waldschnepfe von der Bundesdruckerei mit meinem neuen Führerschein zur Post fliegt, meinetwegen kann sie auch zur Post gehen. Das wäre mir sogar lieber, denn sonst könnte es sein, dass sie unterwegs von einem Wanderfalken angestürzt und verspeist wird. Wenn der meinen Führerschein mitisst, hat er Klasse drei und kann auch mit einem schnellen Auto fahren, wenn er mal keine Lust zum Fliegen hat.

DER GUTSCHEIN-COUP

Kinder schenken ihren Eltern gerne Gutscheinhefte. Erstens, weil es Spaß macht, sie zu gestalten. Und zweitens, weil Eltern diese Gutscheine niemals einlösen. Ich bekam vor Jahren von Carla zum Geburtstag gleich zehn Gutscheine und freute mich über die spektakulären Coupons. Für eine Nackenmassage zum Beispiel. Für einen ganzen Abend, an dem sie mir in allem zustimmen würde, was ich äußerte. Und: für ihre Begleitung zu einem Fußballspiel.

Letzteres ist für Carla ein enormes Angebot, denn sie hasst Fußball. Sie findet alles, was damit zu tun hat, überbewertet, langweilig und Zeitverschwendung. Wer ins Stadion geht, ist für sie nichts als ein normativer CIS-Dulli mit Fanschal. Alle Fußballspieler der Welt sind überbezahlte Schulabbrecher in kurzen Hosen. Das Geschenk, mit mir ein Heimspiel des FC Bayern zu besuchen, konnte also nur mit ihrer Hoffnung erklärt werden, dass

dieser Gutschein bis zu meinem oder dem Tod des FC Bayern an meiner Pinnwand hängen würde.

Doch dann fand sich kein Begleiter für das Spiel gegen Stuttgart. Und allein gehe ich nicht ins Stadion, da fühle ich mich selbst unter 74 998 Gleichgesinnten einsam. Ich rief also bei Carla an und teilte ihr mit, dass ich: den Stadion-Gutschein einlösen wolle. Ich hörte einen tiefen Seufzer, dann sagte sie mit Grabesstimme: »Mir bleibt wirklich nichts erspart.«

Wir trafen uns an der U-Bahn und ich überreichte ihr einen Fanschal, den sie widerwillig um ihren Hals legte. Auf der Fahrt fragte ich, ob sie einen Bayern-Spieler wisse. Sie kannte auf Anhieb vier: Bastian Schweinsteiger, Thomas Müller, Oliver Kahn und Manuel Neuer. Sie zeigte sich überrascht von der Neuigkeit, dass Kahn und Schweinsteiger ihre Karrieren beendet haben und daher gar nicht mitspielten. Ebenso erstaunt war sie über den Funfact, dass sowohl Neuer als auch Kahn Torwarte sind, beziehungsweise waren. »Oliver Kahn war Torwart?«, fragte sie etwas laut. Umstehende Fans aus Adelsried sahen sie daraufhin an, als hätten sie ein Gürteltier am Nordpol entdeckt.

Auf dem für sie unerträglichen Marsch von der

Haltestelle zum Stadion versorgte ich sie mit einer ausgezeichneten Thüringer, weil ich als Dauerkartenbesitzer weiß, dass die Bratwurst in der Allianz Arena schmeckt wie nasses Kaminholz. Dabei erklärte ich ihr die komplexen Zusammenhänge der Themenbereiche »Abseits« und »Video-Assistent«. Ich führte aus, dass dieser in Köln sitze und das Geschehen am Fernseher verfolge. Dies fand sie eine gute Idee, denn man könne dann auch während des Spiels etwas lesen, Musik hören oder den Kühlschrank putzen. Doch als wir die Treppe zu unserem Block hinaufgingen und plötzlich der riesige, bunte und volle Innenraum vor ihr auftauchte, war sie doch beeindruckter, als sie gedacht hätte. Sie fand dann, ein Stadionbesuch ähnele einem Gottesdienst. Sie erkannte eine gewisse Parallelität in den Ritualen: hinsetzen, aufstehen, hinsetzen, wieder aufstehen und ernsthafte oder wenigstens ergebene Anteilnahme am Geschehen zeigen. Zwischendurch beobachtete sie eine Taube, die panisch unter der Stadiondecke nach einem guten Sitzplatz suchte, und betrachtete das Drumherum, die Logen und die messdienerartigen Balljungen. Was man eben so macht, wenn die Predigt zu langweilig ist.

Doch dann ergab sich ein göttlicher Moment, eine Art Epiphanie. Das war in der sechzigsten Spielminute. Freistoß von Kimmich, der Ball kommt zu Mazraoui, er passt zu Musiala und der wackelt einen Stuttgarter aus, zieht ab und trifft unten links. Carla reißt die Augen auf, stößt einen stummen Schrei aus, ballt die Fäuste und ist für einen kurzen Augenblick hingerissen, ganz gegen ihre eigentliche Überzeugung. Es ist ihr richtig peinlich.

Hinterher erklärte sie mir, dass es bei Weitem nicht so schlimm gewesen sei wie ursprünglich angenommen. Sogar spannend. Und außerdem sei dieser Typ mit der Zehn auf dem Rücken schon sehr hot. Sie meinte Leroy Sané. Wir standen dann wieder in der vollen U-Bahn und sie sagte ziemlich laut: »Sag mal, die Bayern, das waren jetzt schon die mit den roten Höschen, oder?« Ich bin nicht ganz sicher, ob sie mich nur ärgern wollte. Nächste Woche löse ich noch einen Gutschein ein. Dann gibt es ein veganes, antikapitalistisches und feministisches Drei-Gänge-Menü. Ich freue mich sehr darauf.

DAS PERSONAL PROTESTIERT

Es gibt absolut keinen Grund, bei mir ausziehen zu wollen, denn die Ausstattung des Heims und der Service dort sind unschlagbar. Man muss sich mal vorstellen, welche Leistungen kostenfrei inkludiert sind, wie der Schweizer sagt: ganzjährig fließendes Wasser, auf Wunsch angewärmt. Handtücher und Bettwäsche werden regelmäßig ausgetauscht. Der Kühlschrank ist mit Köstlichkeiten diverser Molkereien bestückt. Der Vorrat an Backwaren und Nuss-Nougat-Creme wird andauernd geprüft, das WLAN-Signal ist stabil, das Downloadtempo befriedigend, es stehen mehrere Streamingdienste zur Verfügung, genau wie Softdrinks und Pflaster nach Skateboard-Verletzungen.

Es ist ein Leben in Saus und Braus. Dennoch weist mich Nick gerade wieder darauf hin, dass er bald ausziehen werde. Spätestens im Sommer. Oder im Herbst. Momentan liegt es an zwei unfassbaren Missständen. Zum einen ist sein Duschgel schon wieder alle. Und zweitens sucht er überall das eine Sweatshirt, das schwarze.

Was das Duschgel betrifft, so habe ich nicht rechtzeitig für Nachschub gesorgt. Mein Fehler. Ich kann mir nun einmal nicht vorstellen, dass man jede Woche neues Duschgel braucht. Aber ich weiß ja auch nicht genau, was er damit anstellt.

Bei dem Sweatshirt ist es anders. Das habe ich, ehrlich gesagt, im Nudeltopf versteckt. Ich weiß, das macht man nicht. Es ist ziemlich albern und absurd, geradezu kindisch. Aber auch Notwehr! Und zwar ist die Sache die: Nick beutet meine Arbeitskraft und meine Geduld aus, indem er andauernd Klamotten in den Wäschekorb wirft, die sauber sind und daher überhaupt nicht gewaschen werden müssen. Es dauert ihm zu lange, die Sweatshirts oder Hosen zusammenzulegen und wieder in den Schrank zu legen. Es ist viel einfacher, sie mit einer Art Baggergriff zu packen, um sie dann neben der Waschmaschine in den Korb fallen zu lassen.

Vielleicht bin ich selbst schuld, weil es mir nun einmal nichts ausmacht, seine Sachen zu waschen und vor allem: sie zu bügeln. Ich bin ein Paganini des Bügeleisens. Für mich ist das eine schöne meditative Tätigkeit, die mich davon abgesehen als Partner höchst attraktiv macht. Ich bin, was haushälterische Gewissenhaftigkeit und Pedanterie betrifft, eine Mischung aus Mary Poppins und Hans-Jochen Vogel.

Seit ein paar Monaten stellte ich nun bei meinen wöchentlichen Bügel-Sessions fest, dass ich auch Boxershorts bügelte, die ich nicht selbst erworben habe. Welche mit Mäusen drauf. Einige mit Karos, zwei mit blauen Streifen und auch T-Shirts, die nicht meinem Sohn gehörten. Ich nahm an, dass es Hinterlassenschaften von Kumpels waren, die bei uns übernachtet haben. Das kommt öfter vor. Ich sprach Nick darauf an und er teilte mit, dass er zudem manchmal im Gegenzug Kleidung von Finn mitnimmt, wenn er dort übernachtet und nichts Frisches dabeihat. Dafür lässt er dann Finns Mutter seine Unterhose zum Waschen da. Oder auch mal Shirts. Die Sachen zirkulieren sozusagen im Freundeskreis. Es kann durchaus sein, dass Nick einmal eine Shorts bei Finn liegen ließ, welcher diese dann nach dem Waschen angezogen und seinerseits bei Lucas gelassen hat, der sie wiederum bei seiner Freundin auszog, die die Hose in die Wäsche gab, worauf ihr kleiner Bruder sie anzog und bei einer

Übernachtung im Hause Schulze vergaß, von wo sie über den Umweg Max, Leon und Valerie irgendwann wieder bei uns gelandet ist.

Das ist im Prinzip in Ordnung, aber manche Sachen tauchen auch nie wieder auf oder werden durch Klamotten ersetzt, die bei Weitem nicht dieselbe Qualität aufweisen. Mit anderen Worten: Ich kaufe Marke und bekomme Plunder. Und jüngst hatte ich ein fremdes weißes Oberhemd in der Wäsche. Und dann noch eines und ein sehr aufwendiges Rüschenhemd, das zu bügeln einen halben Tatort dauerte. Überhaupt ist die schiere Menge an Bügelwäsche in den letzten drei Wochen eklatant gewachsen. So viel Kleidung haben wir gar nicht. Das machte mich dann doch misstrauisch.

Ich wartete ab, bis Finn mal wieder zu Besuch war, und erwischte ihn dabei, wie er einen ganzen Stapel frischer Kleidung in seinen Rucksack stopfte. Darauf angesprochen, sagte er, dass er seine Sachen inzwischen nur noch bei uns abgebe. Sie röchen hinterher so gut und sähen aus wie neu. Und dann fügte er hinzu: »Niemand bügelt wie Sie.« Es ist das schönste Kompliment, das ich je bekommen habe.

MEIN RÜCKTRITT UNTER TRÄNEN

Meine Vertragslaufzeit als Vater neigt sich also dem Ende zu. Nick ist immer weniger zu Hause, wir essen nur noch selten gemeinsam und er hat keine Lust mehr, mit mir Skip-Bo zu spielen. Manchmal denke ich darüber nach, noch einmal den Verein zu wechseln und irgendwo anders als Vater anzuheuern. Was ich auf jeden Fall schon mal mache, ist, offiziell aus der Fußball-Nationalmannschaft zurückzutreten. Ja, Sie haben richtig gelesen.

Hiermit trete ich aus der deutschen Fußball-Nationalmannschaft zurück. Es ist mir nicht leichtgefallen, aber ich erkläre meinen Verzicht auf zukünftige Nominierungen durch Repräsentanten des DFB. Natürlich ist mir bewusst, dass ich die Chancen des Teams dadurch erst einmal verringere. Aber es ist, wie es ist, ich will nicht mehr. Ich bin einfach enttäuscht.

Über dreißig Jahre habe ich auf einen Anruf gewartet. Vogts? Hatte die Nummer. Ribbeck? Meldete sich nicht. Völler? Das Telefon blieb stumm. Klinsmann? Hatte wohl Besseres zu tun. Löw? Völlige Funkstille. Und Flick: Schweigen im Walde. Ich habe mich die ganze Zeit über bereitgehalten. Ich war da, die Laktatwerte haben gestimmt, die Motivation war nicht zu überbieten. Und: Ich hätte auf jeder Position gespielt. Auch ohne Ball. Aber niemand ist auf mich zugekommen.

Eigentlich unverständlich, weil ich dem Deutschen Fußball-Bund schon damals, 1998, ein eindeutiges Fax geschrieben habe. Darin habe ich meine Bereitschaft signalisiert, bei der Weltmeisterschaft zu spielen. Der letzte Satz meines Faxes lautete klipp und klar: »Sollte ich innerhalb von zwei Wochen nichts Gegenteiliges von Ihnen hören, gehe ich davon aus, dass ich dabei bin. Ich würde dann abreisebereit am 1. Juni bei mir zu Hause vor der Tür stehen und freue mich darauf, mit dem Mannschaftsbus abgeholt zu werden.«

Was dann nicht kam, war der Mannschaftsbus. Obwohl wir ja so verblieben waren: Falls ich nichts höre, bin ich dabei. Und ich habe nichts gehört. Aber vielleicht ist das Fax ja in der DFB-Zentrale verloren gegangen. Ich würde dem damaligen Bundestrainer Vogts jetzt im Nachhinein keinen großen Vorwurf machen, auch wenn das Turnier mit mir höchstwahrscheinlich anders ausgegangen wäre. Ich habe dann bei jedem Trainerwechsel wieder per Fax auf mich aufmerksam gemacht, und immer war es das Gleiche: im Prinzip immer wieder eine Zusage vom DFB, weil ja keine Absage erfolgte, und dann aber letztlich trotzdem bei keinem Spiel auf dem Platz. Das reicht mir jetzt. Ich finde, man muss sich an Vereinbarungen halten, lieber Deutscher Fußball-Bund. Diese maßlose Enttäuschung ist der Grund dafür, dass ich meinen Rücktritt diesmal nicht mehr nur an den DFB gefaxt habe (0 69-6 78 82 66), sondern auch hier die Öffentlichkeit darüber informieren möchte.

Wenn Sie diesen Text bis hierhin gelesen haben, könnte bei Ihnen der Eindruck entstehen, dass hier jemand über die Grenzen psychischer Gesundheit hinaus von seiner Wichtigkeit überzeugt ist. Und sich deshalb narzisstisch, infantil und größenwahnsinnig aufführt. Richtig? Ja, das kann man so sehen.

Und genau so verhält sich gerade ein kleiner Teil unserer Landsleute. Menschen, die wirklich meinen, dass ihre Befindlichkeit so groß und bedeutsam ist, dass man ihr in den Medien und auf der Straße andauernd Beachtung schenken sollte. Es sind die, die sich Schilder malen, auf denen steht, dass sie der Bundesregierung befehlen, sofort zurückzutreten, weil ihnen deren Politik nicht gefällt. Es sind die, denen das Gemeinwohl unwichtiger ist als ihr privater Unwille, eine Maske zu tragen. Und die deshalb unverhüllt in Zügen und Restaurants herumpöbeln. Es sind die, die ständig für sich in Anspruch nehmen, alles besser zu wissen als die Wissenschaftler, die mit großem Engagement daran arbeiten, die Situation zu verbessern. Und es sind die, die zwar noch nie eine Naturkatastrophe, eine gewaltsame Staatsführung oder sogar einen Krieg erlebt haben, aber davon faseln, das Leben in einer Diktatur nicht mehr ertragen zu können. Es sind die, die keine Flüchtlinge aus der Ukraine in der Nachbarschaft haben wollen und auch keine Windräder und deshalb Plakate basteln, auf denen Politiker in Sträflingskleidung abgebildet sind. Nerven wie Nudeln, aber eine Klappe wie ein Nilpferd.

Das wollte ich nur mal anhand eines möglichst absurden Beispiels verdeutlichen. Jetzt gehe ich spazieren. Falls der Bundestrainer anruft: Meine Entscheidung ist unumstößlich.

SCHLUSSGEDANKEN

Die Tür ging auf, und Nick kam herein. Grußlos wie immer, aber erkennbar gut gelaunt, denn er führte einen Moonwalk vor, mit dem er in die Küche glitt, um eine Flasche Spezi zu holen.

Wer weiß, wie oft ich das noch sehe, denn bald ist er weg. Das macht mich richtig nervös. Ich rette mich in den fröhlichen Gedanken, dass er mich irgendwie an einen Nacktmull erinnert.

Natürlich nicht äußerlich, denn Nick ist recht wohlgeraten, was man von einem Nacktmull nur sehr bedingt behaupten kann. Nacktmulle sind kein Fest fürs Auge. Das ist zumindest unter Nacktmullen aber nicht so schlimm, denn diese Nagetiere sind fast blind und daher vor der Selbsterkenntnis geschützt, nicht viel herzumachen. Was sie mit meinem Sohn verbindet, ist ihre Form der Kommunikation.

Gerade habe ich gelesen, dass jede Nacktmull-Kolonie einen eigenen Dialekt spricht. Treffen sich also zwei Nacktmulle unter der Erde, erkennen sie sofort, ob sie zum selben Stamm gehören, wenn sie sich begrüßen. Was sie wirklich andauernd tun. Graben und Grüßen, das ist des Nacktmulls unterirdischer Alltag. Da trifft also Nacktmull A auf Nacktmull B und sagt: »Was geht, Digger?« Wenn Nacktmull B genau dasselbe erwidert, ist alles gut. Falls Nacktmull B hingegen sagt: »Allet juti, Alder?«, gibt es sofort Backenfutter.

Nick und seine Freunde haben ähnliche Grußgewohnheiten, und ich denke, dass sie sich von anderen Freundeskreisen unterscheiden. Jedenfalls nennen sie einander »Bro«. Und nach Auskunft meines Sohnes brauchen sie alle täglich zwei Stunden im Bad. Das gilt auch für Nick, und zwar nicht nur am internationalen Tag der Männerhygiene, den er am letzten Mittwoch mit einer Hingabe feierte, gegen die sich die Eröffnung des Suezkanals wie ein protestantischer Stuhlkreis im Sauerland ausnahm.

Während er sich nun pflegte, saß ich im Büro und gab mich meinen Existenzängsten hin. Natürlich stellt sich hier und da die Frage, was man noch tun könnte. Also beruflich. So als Alternative. Ob man noch mal umsattelt.

Und dann fiel mir der beste Beruf der Welt ein: »Privatiersgattin«. Da steckt alles drin. Das könnte ich mir vorstellen, denn für eine Lehre ist es zu spät. Der Bedarf an Privatiersgattinnen wird aber wohl nicht durch jemand wie mich gedeckt werden können, da muss man realistisch sein.

Ich brauche also einen Job, wo man nicht ewig studieren muss. Gesundheitsexperte zum Beispiel! Davon gibt es viele, fast so viele wie Nacktmulle, denn Gesundheitsexperten sind enorm gesucht. Das Gute ist, dass es sich dabei genau genommen nicht um einen Beruf handelt, sondern um eine Tätigkeit. Man wird quasi dazu ernannt. Oder man ernennt sich einfach selbst dazu.

Gesundheitsexperte ist demnach so etwas Ähnliches wie Sex-Guru. Auch dafür gibt es keine Gesellenprüfung an der IHK. Die Berufsbezeichnung Sex-Guru würde mir für mich sehr gefallen. Auch wenn ich nicht genau weiß, was man da den ganzen Tag macht. Kann man auch nicht googeln, jedenfalls nicht unter dem Suchbegriff »Tätigkeitsfeld Sex-Guru«. Es scheint sich dabei um einen sehr frei gestaltbaren Job zu handeln. Möglich, dass da eine Menge Geld zu holen ist, allerdings braucht man Anhänger.

Das hat der Sex-Guru wiederum mit dem Politiker gemein. Auch der ist darauf angewiesen, dass möglichst viele Leute ihn schätzen, manchmal trotz des merkwürdigen Dialekts. Und hier kommt Karl Lauterbach ins Spiel, der ähnlich wie ein Nacktmull von der Natur mit einem sehr speziellen Dialekt ausgestattet wurde, nämlich einem drehleierartigen Rheinisch, wie man es nur zwischen Düren und Aachen spricht und das einem normalerweise bereits in der Eifel zum Verhängnis wird. Kommt man von Düren nach Trier, kann es einem gehen wie einem Nacktmull im falschen Bau. Man wird auf der Stelle massakriert.

Es sei denn, man ist gefragt. Entweder als Sex-Guru oder als, genau: Gesundheitsexperte. Letzteres scheint krisenfester zu sein als Sex-Guru. Außerdem agieren Gesundheitsexperten sattelfest, wenn es um Fragen der Männerhygiene geht. Sie werden vermutlich dazu raten, sich wenigstens am Tag der männlichen Hygiene auch mal zwischen den Zehen einzuseifen. Der Zehenzwischenraum ist sozusagen die Eifel des männlichen Körpers: Man kommt nie hin und denkt nie dran.

Oder ich wandere aus und versuche mein Glück irgendwo anders in der Welt. Bei dieser Überlegung angekommen, stellte ich fest, dass mein Name sehr gut übersetzbar ist. Er hat ja eine Bedeutung. Und die existiert in vielen Sprachen.

Auf diesen Gedanken bin ich in den über fünfzig Jahren meines Lebens nie gekommen. Bis jetzt. Und da ist mir bisher wirklich etwas entgangen, denn in anderen Ländern würde mein Name entschieden mehr hermachen als hier. Auf Englisch heiße ich zum Beispiel John Hamlet. Auf Russisch bin ich Iwan Derevushka. In Spanien würde ich Juan Aldea heißen, in Frankreich Jean Hameau, und auf Italienisch bin ich Gianni Borgo.

Das Ganze erinnert an ein Partyspiel, von dem der Schauspieler Burt Reynolds einmal in einem Interview berichtete. Dabei geht es um eine heitere Methode, einen knalligen Künstlernamen zu erfinden, falls man eine Karriere im Pornobusiness anstrebt. Man kombiniert dafür den Namen des ersten Haustiers, das man besessen hat, mit dem Namen der Straße, in der man aufgewachsen ist. In meinem Falle kommt dabei Puntek Haydn heraus. In meinem Bekanntenkreis gibt es auch Putzi Krupp, Jacky Rosen, Schnuffel Wilhelm, Tinki Dorf und Tiffy Habsburger.

Burt Reynolds ist ja auch schon tot. Auch schon.

In dieser Formulierung schwingt immer eine gewisse Sentimentalität und Todesangst mit. Meine Großmutter sagte diesen Satz häufiger, meistens verbunden mit einem Seufzen. Paul Hubschmid. Auch schon tot. Hans Rosenthal. Achja. Brigitte Mira. Tjaha. Ähnlich rührend fand ich immer, wenn sie sagte: »Der Walter Scheel, auch schon neunzig.« Oder: »Die Nana Mouskouri. Auch schon achtzig.« Die Barbara Salesch, auch schon über siebzig. Im Gegensatz zu Frau Mouskouri und Herrn Scheel ist die TV-Richterin Barbara Salesch meinen Kindern ein Begriff, weil sie in einem Lied von Deichkind vorkommt. Genau wie Katja Ebstein. Auch schon achtundsiebzig.

Nick kam aus dem Bad und roch betörend. Wie ein Sex-Guru. Oder wie ein Zwanzigjähriger, der sich einfach keine Sorgen machen will. Er umarmte mich und sagte: »Ich treffe mich jetzt mit Freunden. Geh nicht so spät ins Bett und putz dir die Zähne. Und wenn ich nach Hause komme, will ich nicht, dass der Fernseher heiß ist, verstanden, Sportsfreund?« Er gab mir einen Kuss, griff sich seine Jacke und war über alle Berge.

JAN WEILER

 Jan Weiler, 1967 in Düsseldorf geboren, ist Journalist und Schriftsteller. Er war viele Jahre Chefredakteur des SZ Magazins. Sein erstes Buch »Maria, ihm schmeckt's nicht!« gilt als eines der erfolgreichsten Debüts der letzten Jahrzehnte. Es folgten unter anderem »Antonio im Wunderland«, »Mein Leben als Mensch«, »Das Pubertier«, »Die Ältern« und die Kriminalromane um den überforderten Kommissar Martin Kühn. Auch sein jüngster Roman »Der Markisenmann« stand monatelang auf der Bestsellerliste. Neben seinen Romanen verfasst Jan Weiler zudem Kolumnen, Drehbücher, Hörspiele und Hörbücher, die er auch selbst spricht. Er lebt in München und Umbrien.

TILL HAFENBRAK

Till Hafenbrak schloss 2009 sein Studium der Visuellen Kommunikation an der Universität der Künste Berlin ab. Seither arbeitet er als selbstständiger Illustrator in Berlin. 2021 wurde er an der Universität der Künste zum Meisterschüler ernannt. Er illustrierte bereits die Bestseller »Das Pubertier«, »Im Reich der Pubertiere«, »Und ewig schläft das Pubertier« und »Die Ältern« von Jan Weiler. Mehr Informationen und Bilder gibt es auf *www.hafenbrak.com* und unter *@tillhafenbrak* auf instagram.

INHALT